En el cuerpo correcto

MORGANNA

En el cuerpo correcto

Prólogo de
Fernanda Tapia

Edición de
Libia Brenda

Grijalbo

En el cuerpo correcto

Primera edición: agosto, 2017

D. R. © 2017, Morganna Martínez

D. R. © 2017, derechos de edición mundiales en lengua castellana:
Penguin Random House Grupo Editorial, S. A. de C. V.
Blvd. Miguel de Cervantes Saavedra núm. 301, 1er piso,
colonia Granada, delegación Miguel Hidalgo, C. P. 11520,
Ciudad de México

www.megustaleer.com.mx

D. R. © 2017, Libia Brenda Castro Rojano, por la edición
D. R. © 2017, Fernanda Tapia, por el prólogo

ISBN: 978-607-315-592-2

Impreso en México – *Printed in Mexico*

El papel utilizado para la impresión de este libro ha sido fabricado a partir de madera procedente
de bosques y plantaciones gestionadas con los más altos estándares ambientales, garantizando
una explotación de los recursos sostenible con el medio ambiente y beneficiosa para las personas.

Penguin
Random House
Grupo Editorial

Prólogo

Este libro debería ser obligatorio por muchas razones. La primera y más sencilla porque es sumamente entretenido y a cualquier niña o niño, joven o adulto nos puede atrapar desde la primera página. Yo, por ejemplo, no pude soltarlo, ni siquiera la vez que lo releí en completud. Sí, la segunda vez que lo leí. Porque al inicio sólo me dejé llevar por la historia narrada en primera persona, interesantísima... como si me la estuviera contando Morganna de frente, ahí en mi cabina de radio, las dos solas... pero con millones de testigos oyentes. La segunda razón por la que este libro debería ser leído absolutamente por todos y todas, es porque muestra con el corazón en la mano el viacrucis que sufre un ser humano común en nuestro país; y se acentúa si el individuo en cuestión osa ser "diferente": indígena, con discapacidad, LGBTTTIQA, obesos, cortos de estatura, ancianos, infantes, mujeres... todos estos seres, extranjeros en su propia tierra. Bajo cánones en los que todos nosotros terminamos fallando en alguno, justo para ser confinados a la discriminación y la marginación social. Y la tercera causa sería para prevenir esa misma discriminación que no sólo se convierte en la privación de oportunidades como si no se tratase de seres humanos y de connacionales incluso, sino que puede llegar a la propia muerte y el asesinato, como la misma Morganna nos narra en ésta, su biografía. Desafiando un entorno machista a extremos violentos

7

de acoso y burla, intentos de violación y religiones castrantes, ella triunfa.

A lo largo de estas páginas ustedes podrán leer en diferentes niveles la historia tangible, llena de aventuras, temores, deseos, atinos y desaciertos; amores y desamores, fe y desazón, dolor y éxito... pero sobre todo de una pasión que lo envuelve todo para llevar cada uno de estos sentimientos al extremo; logrando cautivarnos y haciéndonos terminar rendidos ante la carismática Morganna, quien se aferró a sanar su alma y con ella, sanarnos la propia. Será difícil leer esta biografía y no terminar enamoradEs de Morganna. Sí, así con "E", en neutro. Porque simple y llanamente, al final no importa si te atrapó Saúl, Samantha, Syrena o Morganna; sólo sabrás que ella logró la mejor versión de sí misma y se atreve a contarnos todo con pelos y señales. ¿Te atreves a identificarte con alguna etapa de su vida?

Ojalá que autoridades y quienes detentan el poder en este país lo lean y se den cuenta de la urgencia de romper viejos paradigmas. Es hora de implementar políticas públicas congruentes con la realidad y no paternalistas hacia aquellos que están en contra de los derechos humanos sólo por no perder su voto. Ya es hora de que en las actas de nacimiento no se aclare el género o se cree la casilla neutro. Cada ser humano debería poder elegir su propio nombre llegada la mayoría de edad, que se le registrara sólo con uno y sus apellidos y posteriormente se agregara aquel que quiera usar durante esta aventura llamada vida.

FERNANDA TAPIA

Todo lo que soy

A la gente le gusta que se la pongas fácil:

—Y tú, ¿qué eres?

—¿Cómo que "qué soy"? Soy una persona, ¿no estás viendo?

—Sí, ya sé, pero ¿qué eres?

—Pues un ser humano, una terrícola, un ejemplar de *Homo sapiens.*

No es suficiente. La gente quiere que le digas "soy hombre" o "soy mujer" para darse por satisfecha, y si una responde cualquier otra cosa —"lesbiana", "trans", "gay", "homosexual", "travesti", "pansexual"—, se sorprende o, peor, se ofende.

En los formularios para solicitar una tarjeta de crédito nunca hay suficientes opciones. Por ejemplo: "Llene las siguientes casillas: 'Masculino', 'Femenino', 'Mitad y mitad', 'Ninguna de las anteriores'". En todos sólo ponen dos casillas, y si yo no me identifico con ninguna, es mi problema, no del banco.

¿Por qué un helado puede ser napolitano, con tres sabores y colores, pero yo sólo debo elegir entre ser hombre o ser mujer y quedarme de un solo sabor? ¡Resulta que un helado tiene más opciones que yo! ¿Por qué, en la casilla correspondiente a "sexo", nadie puede poner: "Qué les importa", "Todos los sexos" o "70% mujer, 20% cantante, 9% sirena y 1% sin clasificar"? Para empezar, al banco no debería importarle mi sexo. Mi sexo es cosa mía y, bueno, del doctor Preecha, que es parte de la historia que contaré aquí.

Cuando nací era un niño hermoso, de ojos brillantes y sonrisa fácil. Me nombraron Saúl y tenía un hermano mayor, una mamá y un papá; luego llegaron otros dos hermanos. Fui creciendo y, mientras que en la cáscara externa Saúl era un niño alegre, en el interior yo era cada vez menos él. Poco a poco la alegría se volvió desconcierto, hasta que llegó el momento en que la cáscara y la fruta casi no tenían nada que ver. Me fui oscureciendo y amargando, porque en el interior todo era diferente de lo que se veía afuera. Me consumía la obligación de fingir ante el mundo que las cosas iban bien y que yo estaba bien.

Lo único que en realidad me mantuvo a flote fue la música: si yo no hubiera cantado desde la infancia, esta voz mía que tantas satisfacciones me ha dado se habría convertido en un gas venenoso, y quizá hoy no sería la persona que soy. Incluso hubo varios años en los que escondí la voz, ¡mi voz!, mi vitalidad, mi herramienta de trabajo, mi refugio y —a veces— mi delatora.

En primer lugar, soy una persona, un ser humano que ha tenido varios nombres, diferentes máscaras, diversas identidades y hasta distintos estilos de canto.

Si quieren que se las ponga fácil, les diré esto: soy Morganna, una mujer transexual que ha luchado por hallar su lugar en el mundo, a pesar de que mi propia familia llegó a desconocerme por no encajar en un pequeño molde, hecho por manos ajenas. Soy Morganna, una cantante soprano con entrenamiento profesional que primero se llamó Saúl, aunque en el interior guardaba a una sirena, una guerrera, una hechicera. Soy Morganna, una mujer plena que permaneció escondida bajo una piel durante casi treinta años y pasó de una timidez extrema a una personalidad explosiva. Soy Morganna, una chica que encarna en el mismo cuerpo algunos aspectos de ternura y otros de arrojo; hay partes de mí que están agradecidas y otras, indignadas; estoy llena de amor y curiosidad, así como me encuentro dispuesta a luchar con todas mis fuerzas por lograr mis sueños. Estoy acostumbrada a trabajar duro. En el pasado me habitué a callarme, a disimular, a complacer a la gente, y eso tenía que llegar a su fin. Ahora estoy aquí, contándolo todo.

Relato mi historia con la esperanza de que la gente que la lea entienda mejor a quienes pasamos por este trance. También la cuento pues creo que hay muchas chicas en la misma situación que hallarán esperanza, empatía, un reflejo de su vivencia particular e incluso información. Hablaré primero desde la perspectiva del niño, Saúl, quien se convirtió en un muchachito escuálido, tímido y lleno de secretos, y luego desde la perspectiva de una mujer que necesitó pasar por varias adaptaciones hasta llegar a ésta que soy ahora y con la que al fin me siento completa, sobre todo porque ya no tengo que esconderme ni actuar para fingir que soy alguien más, ni tengo que combinar en el mismo cuerpo a una persona muy diferente por fuera y por dentro.

No me importa si a alguien le parece que mi visión es demasiado infantil o ingenua. Llegar a donde ahora estoy no fue nada fácil. En definitiva, no fue de caramelo: los dolores y las pérdidas son muy reales, y la lucha también ha sido muy real. He tenido mucha fortuna, con gente buena cerca. Me ha ido muy bien, pero también he llorado mucho: me ha dolido vivir y me han rechazado y me han herido. He vivido dos vidas en una, y no me arrepiento de esto, aunque no estaría aquí si el pequeño Saúl no hubiera soñado con volar muy alto y yo no hubiera conservado sus sueños.

Hoy soy capaz de despertarme cada mañana, sonreír y mantener esa sonrisa todo el día, porque ahora soy yo misma, pero no siempre fue así. Desde el inicio de mi historia hasta que nací de mi propia carne he andado un largo camino. Si estoy contando esto es porque logré renacer y cumplir mi mayor objetivo en la vida, que era hacerme la reasignación sexual, y esa felicidad nunca se me acabará.

Durante años viví como las máscaras de la tragedia y la comedia: una era la cara que mostraba al mundo y otra, la que sólo yo veía; la interna estaba triste, pues añoraba otro aspecto, hacer cosas que me estaban vedadas y explorar facetas de mi humanidad que no se suponía que tuviera porque, al igual que todos, vivo en una sociedad llena de prejuicios y equívocos.

Tenemos cosas buenas, sí, y soy la primera en festejarlas, pero nos falta mucho para alcanzar una verdadera evolución humana. Si bien hemos descubierto exoplanetas, seguimos condenando a la gente que se sale de la muy limitante idea de que nada más podemos ser hombres o mujeres. La verdad, con tantas opciones de vida y sexualidad para ser y estar en el mundo, ¡qué aburrido es —e incluso absurdo— que nos quieran meter en sólo dos pequeñas casillas! Si no se daña a nadie, ¿por qué no permitir que cada quien haga lo que quiera con su propio cuerpo? ¿Por qué empeñarse en juzgar y condenar si una mujer tiene los genitales de una manera u otra?

Por un tiempo, después de la operación, no quise saber nada de mi pasado: no deseaba recordarme como Saúl ni hacer memoria de mi infancia, cuando fui ese niño que aprendió a llevar una doble vida. No quería tener nada que ver con el cuerpo anterior. Durante una temporada pensé que dejar en el olvido treinta y dos años de vida sería lo mejor para mí. De eso hace muy poquito, apenas cinco años. Y una vida no se forma en cinco años.

A partir de 2012 he sido Morganna de manera total y completa, aunque este libro no se limita a contar los cinco años de esa vida, pues sería muy corto; este libro es para contar cómo, durante treinta y dos años, construí el camino que me trajo hasta la que soy ahora. Tuve que bucear en aguas profundas, sumergirme para extraer mis recuerdos, los más dolorosos, los más extraños, aquellos que me daban más vergüenza y hubiera querido olvidar. Y aquí están, en estas páginas.

Hablaré de mí, y eso implica que a veces voy a hablar de un niño cuya historia es casi la de otra persona, alguien que no soy yo, que nunca fui yo y, por lo tanto, es "él": un niño que fue y ahora forma parte de otra vida, como un personaje creado por alguien más. También hablaré de mí como si fuera una niña, aunque haya sido Saúl y toda mi familia, todos mis amigos de la escuela, me hayan visto como un niño y ese niño forme parte de mí.

Me habrán quitado el pene, mas no mi pasado ni la vida, y aunque me duela recordar muchas cosas que le sucedieron a Saúl y muchas que me sucedieron a mí, sé que ésas son las piedras que forman el camino que he recorrido y sobre las que he caminado para llegar aquí.

Por lo tanto, Saúl es "él" y soy "yo", y en ese "yo" caben "él" y "ella". Durante años tuve que vivir como él —afuera— y ella —adentro— en un mismo ser, y me costó mucho integrar esas dos partes en una sola persona para llegar a ser sólo Morganna.

Si en esta historia no se la pongo fácil a todo el mundo, es porque tampoco ha sido fácil para mí.

Quiero ser ella

A simple vista, mi infancia —la infancia de Saúl, ese niño alegre de ojos brillantes— parece idílica, aunque al fijarse con más cuidado se descubren las aristas y las partes oscuras. En cierto modo esa etapa se ve tan linda porque el escenario era tranquilo, de la provincia mexicana, con mamá, papá, hermanos, abuelos, tías, tíos, primos, muchas actividades al aire libre y deportes. Mientras crecía, Saúl tuvo mucho contacto con la naturaleza. En la escuela se llevaba bien con las maestras porque siempre sacaba buenas calificaciones y, además, cantaba muy bonito.

Como cualquier niño, Saúl vivía aventuras reales y ficticias, pero él aprendió desde muy pequeño a vivir dividido, como un habitante de dos mundos: uno era el común y corriente, donde jugaba a lo que juegan los niños comunes y corrientes; el otro era el de fantasía, que se parecía muy poco al de los demás, porque no imaginaba "cosas de niños". Saúl quería jugar con muñecas, ponerse vestidos y pasar las tardes en actividades más delicadas. No le gustaban los juegos bruscos ni las tareas que le imponía su padre, aunque fuera lo que se esperaba de un "hombrecito".

En una familia tradicional como la suya no había espacio para comportamientos fuera de la norma, de manera que Saúl creció lleno de secretos y con el intenso deseo de no ser el niño que era.

Nací y pasé la primera parte de mi vida en San Miguel de Allende, una ciudad bellísima, con arquitectura colonial y un ritmo tranquilo. Fui el segundo de cuatro hijos: mi hermano mayor me lleva un año con once meses, y al que me sigue le llevo seis años. Dicen que, cuando va a nacer un bebé, el hermano inmediato se pone muy mal. Yo no me puse mal, sino lo que sigue: estaba superchípil. Lo bueno es que, cuando llegó el más chico, ya ni lo sentí, porque nos llevamos nueve años.

Primero vivimos con mis abuelitos en el centro de San Miguel, hasta que yo tenía unos cinco años. Luego nos mudamos a la casa de mis papás, en la salida a Querétaro. En la planta baja estaban la mueblería de mi papá —que trabajaba muy bonito la madera—, la cocina y, atrás, los cuartos; después construyeron la parte de arriba y un piso más. No éramos ricos, y hubo temporadas en las que nos las vimos muy duras, aunque mis papás siempre se ocuparon de que sus cuatro hijos viviéramos bien.

Conservo muchas y muy buenas memorias de paseos familiares al monte, al río y a los balnearios. Salíamos en bola con la familia paterna, que es muy numerosa, o sólo mis papás y nosotros. Mi papá nos inculcó el amor por el campo y los paisajes agrestes y abiertos. Esos paseos influyeron demasiado en mí. Por ejemplo, cuando era pequeño exclamaba:

—¡Qué rico huele el aire!

Todavía me encanta sentir el viento, pues es algo mágico que entra y sale de mí.

Otro elemento siempre presente ha sido mi amor por el agua, primordial en el paisaje de mi infancia: ir a las piscinas me causaba una enorme felicidad. Allí imaginaba que era una sirena, con cuerpo de mujer y cola de pez; para simularlo, cruzaba las piernas al nadar y jugaba a que vivía en el fondo del mar.

Mi hermano mayor y yo nos la pasábamos juntos. Regresábamos de la escuela y nos sentábamos a la mesa para hacer la tarea cerca de mi mamá. Mi papá se iba a trabajar a su taller y casi no estaba en casa; a veces llegaba tarde, medio tomado, y hablaba conmigo quién sabe de qué cosas. Yo nada más pensaba: "No entiendo nada de lo que me dice". Después de un rato se iba a dormir. Había temporadas en que mi mamá se enojaba a cada rato con él, justo porque andaba tomado, y como ellos se iban a pelear a su cuarto, mi hermano y yo nos entreteníamos con la tele. También nos encantaba jugar en el lodo. Teníamos un jardín muy chico, donde echábamos agua en la tierra para trazar carreteras y túneles. Ahí poníamos los monos que nos traían los Reyes, que a él le daban mucha emoción y a mí no tanta. Yo habría preferido jugar con muñecas y vestidos, que obviamente no tenía.

Entre mis numerosos recuerdos de la niñez hay dos en especial que me marcaron y determinaron mi vida secreta, uno de mi casa y otro del kínder.

Alrededor de los cuatro años me di cuenta de que algo no andaba del todo bien, porque tenía un miembro entre las piernas y se me hacía muy raro. Durante un buen tiempo pensé que lo podía desatornillar o que luego se me caería como los dientes de leche… con la salvedad de que éstos se caen para dar paso a los reales, mientras que yo esperaba que aquello se desprendiera y ya no me volviera a salir.

Un día me senté frente al tocador de mi mamá para maquillarme. Mi cara era igual a la de otros niños, pero yo quería verme como ella o como las chicas de la tele. Así que tomé las sombras, el rubor, el rímel y me pinté, igual que las niñas que fantasean con ser grandes: saben que no lo son, pero de todos modos lo hacen. Cuando mi mamá vio lo que hacía, me arrebató los polvos coloridos y me regañó muy fuerte; me dijo que eso no lo hacen los niños, pues son "cosas de niñas". Yo no recuerdo los detalles, pero la reprimenda me quedó muy marcada. Hace poco tiempo me platicó lo que había pasado y me pidió perdón por su reacción tan violenta; dijo que me había tallado muy fuerte la cara para limpiármela. Supongo que estaba más desconcertada que enojada.

Ahora que lo veo a la distancia, el episodio me reveló una certeza: yo era un niño y eso me separaba de las niñas de un modo insalvable. El momento exacto en que me reprendieron por hacer algo "de niñas" inauguró para mí la entrada al mundo del género: la idea de que, si uno nace con un cuerpo, se debe apegar a éste, aceptarlo y vivir bajo las leyes que, según la sociedad, aplican para esa anatomía —marcada por el resultado de una biología fuera de su propio control—. Esa toma de conciencia no me ayudó y resultó un estorbo durante años. Tampoco me quitó el deseo de verme bonita, llevar el pelo largo o jugar con muñecas en vez de coches de carreras. Sin embargo, aquel deseo sembró en mí la sensación de vergüenza: si estaba tan mal que hiciera cosas de niña, entonces estaba igual de mal que sintiera ganas de hacerlas. En el fondo siempre se me hizo raro que tuviera que aceptar, así como así, la idea de que yo no podía "ser" más allá de mi anatomía, y esto me dejó claro que cualquier anhelo en la dirección contraria debía quedar sepultado en el campo del secreto.

El otro suceso importante ocurrió en la escuela Fray Pedro de Gante, donde los alumnos llevábamos suéter guinda y pantalón gris. Desde entonces yo estiraba los suéteres para que me alcanzaran hasta los muslos y pudiera fantasear con que usaba falda —por cierto, las que sí eran niñas se levantaban la falda y les veíamos los calzones—; otro uso que algunos niños les dábamos era escondernos debajo para darnos de besos entre nosotros —besos secretos a los cuatro o cinco años—. Entonces no sabía qué era eso ni qué estaba haciendo, pero se sentía bonito y me encantaba. No sé a cuántos niños besé. Es posible que nos escondiéramos porque pensábamos que era malo hacerlo —no es que lo supiéramos, sino que había como una intuición—; también es posible que nos ocultáramos porque no era algo de niños, sino de gente grande. Una cosa es segura: desde los cuatro años me di cuenta de que las niñas se besan con los niños, pero los varones no se besan entre sí.

Un día, debajo de una banca, un compañero me pidió que le chupara el pene. Sin saber muy bien qué hacía, acepté y acto seguido ejecuté el primer sexo oral de mi vida. Lo raro vino después, cuando le dije:

—Bueno, ahora tú a mí —y él ya no quiso.

No fue una experiencia fea ni nada por el estilo. Incluso la recuerdo como algo agradable. Ignoro por qué sabíamos que debíamos mantenerla en secreto, aunque siempre tuve la certeza de que eso no se compartía ni se platicaba ni era un juego que pudiera replicar con otros niños. En ese momento tampoco parecía un asunto demasiado fuera de lo común, aunque la escena se quedó para siempre en mi paisaje de infancia.

Ahora que lo miro con ojos adultos, tengo la certeza de que no fue un accidente. De seguro ese niño vivía o percibía cosas que lo impulsaron a pedírmelo. Besarnos era una cosa, una exploración inocente, pero escondernos para chuparnos los genitales ya suena a algo más cabrón. No sé qué viviría ese compañerito en su casa o con los adultos, pero no me parece un juego inocente.

Es curioso que hace un par de años me haya encontrado a ese mismo compañero en San Miguel. Yo iba con Sara y David, justo después de que pasaron la película de la que hablaré más adelante. Estaba muy *sexy*, con uno de los vestidos que Noé Roa, un amigo diseñador, me había enviado de León. Nos dirigíamos hacia un antro de mala muerte cuando alguien me gritó desde la banqueta de enfrente:

—¡Qué guapa! ¿Te acompaño? —y cuando se acercó se dio cuenta de que era yo.

En la prepa él tenía unas piernas muy bonitas; ahora le faltaba pelo, estaba subido de peso y se veía muy descuidado. Lo reconocí de inmediato y le dije que íbamos juntos a la escuela. No sé si se acordaría de ese episodio en particular, pero me dijo:

—He seguido tu vida y te admiro mucho, y mi esposa te admira mucho también.

Fue un poco extraño toparmelo treinta años después. En sentido estricto, con él ocurrió mi primer encuentro sexual, aunque a los cuatro o cinco años de edad no fuera más que un juego.

Una vez acostumbrado a vivir en dos mundos paralelos, crecí sumergido en un universo de fantasía, pero a la vez descontento e incómodo. No era una incomodidad intensa, o tal vez con el tiempo me acostumbré y no me lo parecía —eso tendría que resolverlo un psicólogo—. Sin embargo, desde entonces comencé a esforzarme en grande para complacer a los demás. ¿Cómo? Haciendo lo que esperaban de mí. Al principio bastaba con seguir las indicaciones de mi papá, y se acentuó en la adolescencia cuando enfrenté el acoso de otros alumnos.

La mayoría de las familias de mis compañeros tenía dinero. La mía, no. Casi todos mis estudios los hice becado. En general me la pasé muy bien en la primaria. Me divertía, jugaba mucho con los otros niños y me iba bien con los maestros porque sacaba buenas calificaciones. Para mis papás lo más importante era que fuéramos bien en la escuela. Ahí empezó mi costumbre de dedicarle tiempo a las tareas y a estudiar. Era aplicado, aunque no tan ñoño. Echaba relajo e incluso me convertí en un pequeño líder: en quinto o en sexto ponía a los demás a marchar y allá iban todos, detrás de mí; no recuerdo por qué, pero era divertido.

Una zona oscura es que hacía muchos berrinches. Mi mamá dice que armaba un escándalo absoluto: lloraba, pataleaba, me echaba al suelo y gritaba a todo pulmón. El cuadro entero.

Algunos amigos me han dicho:

—Claro, como buena mujer, eras una berrinchuda…

Más allá del estereotipo, supongo que fue mi primera manifestación de incomodidad, aunque no estuviera consciente. El drama y el espectáculo siempre han estado en mí.

Un factor que me ayudó a pasarla bien hasta que terminó la primaria sí tiene que ver con recibir los aplausos del público:

siempre participé en certámenes de oratoria, declamación, poesía y, claro, de canto. Por supuesto, gané muchísimos —incluidos todos los de canto—. ¡Desde entonces ya era una artista! Hay fotos mías con un gorrito —no sé por qué lo usaba—, pantalón y playera blancos. Cantaba "Vecinos igual que amigos" del disco *Juguemos a cantar*.

Cada lunes había misa en la escuela y yo estaba en el coro. Las monjas cantaban con nosotros. Las madrecitas de las Adoratrices Perpetuas Guadalupanas —la orden a la que pertenecían— se dieron cuenta de que lo hacía bien y me pusieron como solista. Regina Reyes, nuestra maestra de canto, fue quien me descubrió. Entonces me eligieron para los solos de Navidad en la iglesia de San Juan de Dios. Allí interpreté el villancico "Los peces en el río". Todo el mundo quedó fascinado. Después hubo un concurso de la zona escolar y me tocó representar a la Fray Pedro de Gante. Las otras escuelas, con las que teníamos cierta rivalidad, nos llamaban en torno burlón los Perros Elegantes, porque así sonábamos.

Otro concurso fue en la plaza de toros de San Miguel de Allende. Había un lleno total y yo propuse cantar "La ley del monte", aunque los jurados no querían, pues la letra era para adultos. Mi maestra Eugenia Cerroblanco se fue a pelear con ellos y al final me lo permitieron. Tengo fotos de esa tarde. Aunque había muchísima gente, no sentí nervios ni nada. Estaba sentado, jugando muy tranquilo con la tierra, hasta que me dijeron:

—Te toca —y me subí al escenario con mucha soltura.

Gané y recibí la ovación del público. ¡Ay, si hubiera mostrado esa misma seguridad durante los shows veinte años después!

En parte fue una muy buena época. Lo único desagradable era que mi papá pretendía hacerme "muy hombrecito". Ni siquiera es que me comportara amanerado y él me quisiera corregir. Más bien se debía a su forma de ser: carácter muy fuerte, con mucha autoridad, impositivo, muy macho mexicano. Tenía una fijación con tres cosas: el trabajo, la naturaleza y el deporte. Por eso a sus hijos siempre les inculcó la actividad física, sobre todo al aire libre. En aquella época se dedicaba a la carpintería y mucho después empezó a trabajar en piedra. Hacía muebles con unas tallas preciosas. Construía sillas Luis XV a las que les ponía nombres en oro. Mis hermanos y yo los llamábamos "muebles para gente rica". Decíamos:

—Ahí viene el cliente de Monterrey o del Distrito Federal a pedirle muebles para ricos.

Todos los peones, los ayudantes y los carpinteros nos trataban muy bien. Una vez, uno de los carpinteros, el más joven, me cachó haciendo del baño y sentí mucha vergüenza. Había entrado a hacer pipí, pero no estaba de pie; desde siempre se me hizo incómodo orinar así, de modo que me sentaba en la taza —eso absolutamente nadie lo sabía—. Supongo que no cerré bien la puerta, él abrió por error y me vio. Aunque entrar cuando alguien está usando el baño saca de onda a cualquiera, el incidente me hizo sentir muy mal porque él me gustaba. También se sorprendió mucho, se salió de inmediato y cerró la puerta. Primero creí que se había asombrado de verme sentado, aunque a lo mejor ni pensó nada o creyó que estaba haciendo "del dos".

Junto con mi hermano mayor, una de mis tareas era ayudar a mi papá en el taller. Había que apilar los trozos y sobrantes de madera en una esquina, mantener el orden y colaborar en lo que se ofreciera, que siempre era pesado. Yo odiaba hacerlo porque eran labores muy bruscas: a cada rato me astillaba las manos, chocaba contra los trozos de madera y me dolía; acababa todo sucio, lleno de aserrín y polvo de madera. Mi papá nos obligaba porque de una u otra manera necesitábamos aprender a hacer cosas de provecho, en vez de quedarnos en casa viendo la tele.

También me inscribió a clases de karate —¡de karate!—, un deporte que, como lo veía entonces, consistía en darse de trancazos. Y yo, un niño frágil y esmirriado, me la pasaba mal. Lo más seguro es que mi papá concluyera que, si tenía un hijito frágil, lo mejor sería encararlo con actividades "respetablemente" masculinas, de modo que creciera con el orden necesario y se endureciera en el camino. Odiaba el karate. Me chocaban las brusquedades y los impactos. ¿Y qué hacía? Lloraba. Pedía que me sacaran, pero eso sólo reafirmaba en él la idea de que era necesario mantenerme en actividades deportivas:

—Ah, ¿no quieres? Pues lo haces porque lo digo yo.

Para reforzar esas actividades, cada domingo, después de misa, todos nos íbamos a la unidad deportiva a jugar básquet o beis. También odiaba ir allí, salvo que fuera para nadar. Cuando jugábamos básquet, me lanzaban manotazos para quitarme la pelota, me empujaban y me tiraban. No es que me maltrataran: sé que era parte del juego, aunque yo lo sentía muy agresivo porque era una niñita. Tampoco estaba padre ir a jugar futbol en el monte o en los terrenos baldíos cerca de la colonia, porque me llenaba de tierra y raspones.

Ahora que lo pienso, no es que fuera un niño amanerado ni afeminado: ¡era una niña!, e incluso como niña era muy delicada. Hay niñas que sí juegan fut, se suben a los árboles, se raspan las rodillas y se llenan de tierra con mucho gusto; a ellas lo que les choca es que les digan: "¡Siéntate bien! ¡Cierra las piernas! ¡Compórtate como una señorita!". Todo mal con las imposiciones y los roles sociales. Seríamos mucho más felices si nos dejaran jugar con lo que se nos diera la gana, para luego elegir, conforme crecemos, qué deseamos en la vida.

La lectura me ayudaba con el sentimiento de incomodidad ante la imposición de ser un niño "muy machito". Aquellos domingos después de misa, cuando íbamos rumbo a la unidad deportiva, nos deteníamos con doña Leo para comprar revistas. A mis papás les gustaba el *Selecciones* y yo me llevaba los *Clásicos Ilustrados,* unas historietas donde venían resumidas obras literarias de distintos géneros, de las que formé una gran colección. Había muchas historias de princesas y cuentos de hadas. Ahí conocí a Sherezada, de *Las mil y una noches*, y supe cómo salvó su vida y la de su hermana gracias a su habilidad para contar historias.

En el canal 5 pasaban caricaturas toda la tarde y yo me quedaba echado frente a la tele, con mi hermano mayor, para ver *He-Man, Los Thundercats, El Hombre Araña, Los Superamigos* y *La Mujer Araña*. Mientras que él se identificaba con el príncipe de Grayskull y su fuerza sobrehumana, yo lo hacía con She-Ra. Siempre que jugábamos, él era el personaje masculino y yo, pues alguno de los femeninos. Me encantaban la Mujer Maravilla, que usaba una coronita y tenía el pelo muy largo; la Mujer Araña, con su traje entallado, cuerpo curvilíneo y alitas de telaraña, pero mi máximo era She-Ra; pensaba que era muy bonita con su pelo larguísimo, su falda corta y sus botas altas. No me la perdía. Sólo de contarlo me vuelvo a emocionar. Claro que nunca le dije a nadie que deseaba ser como ellas o como Sherezada o como las princesas de los cuentos. No es que mintiera o pretendiera que me interesaba ser como los príncipes. Simplemente lo imaginaba y guardaba silencio, pues sabía con claridad que eso estaba "mal".

Sí, crecí en un mundo de fantasía que sólo existía en mi mente.

Otra cosa que hacía a escondidas era masturbarme. Empecé a hacerlo muy temprano, entre los seis y los siete años; de hecho es común que los niños se exploren y se toquen desde pequeños. Me tocaba y sentía placer. Siempre me gustó mucho masturbarme. Es obvio que en aquel momento no salía nada, pero lo seguía practicando, a escondidas, porque siempre estaba presente el mensaje de que está mal tocarse, que es pecado, que Dios te va a castigar —mi relación con la Iglesia empezó desde pequeño—. Al final terminaba contándoselo al padrecito:

—Padre, me toco todos los días.

A partir de mi primera comunión, cada vez que me mandaban al confesionario le decía al padre:

—Me agarré ahí.

Mis genitales se convirtieron en una obsesión para mí y fui creciendo con un conflicto muy grande. A los seis años pensaba: "Qué bonito se siente, pero que feos se ven". Sentía repulsión por ellos. "¿Qué hace esa cosa ahí?": era una mezcla contradictoria, pues una mitad rechazaba ese pene y la otra extraía una sensación física agradable. El pene era la fuente simultánea de dos sentimientos encontrados y dos sensaciones contradictorias: placer y repulsión. Y como lo repudiaba, sentía que estaría mejor si desaparecía: "Quiero que se vaya y quiero los vestidos que tienen las chicas de la tele, para ser como ellas". Sabía que era malo tocarme y tener pene me resultaba asqueroso, pero no me daba asco porque fuera "malo", sino por el hecho de que estuviera ahí, aunque se suponía que era parte de mi cuerpo y todo mi cuerpo estaba bien.

El resultado de esa confusión fue un gran sentimiento de culpa. De seguro empecé a sentirla la primera vez que mi mamá me cachó masturbándome y otra vez me regañó:

—¡Déjate ahí! ¡Eso no se hace! ¡No lo vuelvas a hacer!

Incluso es un cliché: "¡Déjate ahí!". ¿Por qué tenemos que dejarnos, si es nuestro cuerpo? La educación pacata de la "familia mexicana de bien". Yo me masturbaba y lo disfrutaba. El problema es que después pensaba que era malo: que era una niña mala porque era un niño que hacía cosas malas. Niña, niño, mala, malo, buena, bueno, qué decir y qué no, qué se debe hacer y qué se hace a escondidas: lo más probable es que a raíz de esa mezcla de factores, desde que me di cuenta de que necesitaba mantener en secreto lo que más me importaba, haya empezado mi dualidad, mi conciencia dividida, mi doble vida.

Supongo que dejé de masturbarme tanto cuando empecé a llevar una vida sexual activa. Antes de eso hubo temporadas en las que me masturbaba diez veces al día. Era una compulsión. Algo ocurrió en mi psique y se convirtió en una adicción. Todo lo que me pasó después con la pornografía y con el onanismo tal vez se originó en esa dualidad.

Aprendí a callarme las cosas que no se consideraban "normales", aunque hasta la fecha no sepa qué es eso —ignoro si alguien realmente lo sabe—. Para mis papás era mejor no hablar acerca de las cosas que no son normales:

—No, tú eres niño. Los niños no se pintan los ojos. Ya no cantes "La pícara soñadora" porque eres niño y ésa es una canción de niñas.

Aprendí a guardar silencio, a no hablar, a no preguntar, y crecí con mil dudas sobre mi cuerpo, sobre mi sexualidad. Nadie me decía nada porque de esos temas no se hablaba. Ni siquiera sé qué habrá sentido mi mamá cuando le bajó por primera vez. No sé si se asustó. Estaría padre preguntarle si alguna vez habló de eso con mi abuela, pero no creo, porque en mi casa no hubo educación sexual. Y en la primaria no recuerdo que me hayan enseñado nada. Los libros de biología no los tuve hasta la secundaria.

Sufría por tener un pene y también por no ser una niña, que no son la misma cosa. De modo que rezaba, oraba, pedía. Me arrodillaba para rogarle a Dios:

—Por favor, Dios mío, quítame esto: desaparécelo.

En las noches, antes de dormir, le suplicaba:

—Por favor, que cuando despierte "eso" ya no esté ahí.

Se dice fácil, aunque era un anhelo muy profundo. Despertar y seguir con "eso" pegado a mi cuerpo era lo más frustrante que podía ocurrirme. ¿Por qué no era fácil? ¿Por qué no podía arrancármelo o echarlo lejos? No entendía por qué estaba pegado a mi cuerpo, colgando como una cosa extraña y ajena que no me pertenecía, pero que era mi obligación andar trayendo siempre conmigo.

Uno de los problemas más grandes de ser "niño-y-no-niña" era el pelo. De hecho aún lo es. ¿Por qué? Por mi papá. Entre la lista de obligaciones de un hombre muy hombre estaba la de llevar el pelo corto, higiénicamente al rape. Como a los cinco años me rasuraron a coco, no sé si a causa de una epidemia de piojos o porque era la manera más sencilla de imponerme una cabeza libre de cabello. Y se convirtió en una fijación para mí, aunque a la inversa. En la adolescencia tuve muchos conflictos porque me lo quería dejar crecer… pero no. Le decía a mi papá que no quería cortarme el cabello y él me regañaba mucho. Me decía:

—No te estoy preguntando si quieres. Te lo tienes que cortar porque lo digo yo.

Curiosamente, quería tener el pelo largo y la entrepierna corta, y me obligaban a que fuera al revés. Con los años se convirtió en una lucha constante:

—¡Quítate esas greñas! Pareces vieja.

¡Qué más hubiera yo querido que parecer vieja entonces! ¡Qué difícil, qué jodido que sea un insulto "parecer mujer", "parecer vieja", o serlo!

Para simular que tenía el pelo largo, como el de She-Ra, el de Cheetara o el de las princesas de los cuentos, usaba toallas en la cabeza. En parte, la idea central de mis rezos, de mis súplicas y ese anhelo de que mágicamente me transformara en mujer tuvo su origen en lo que veía en la tele: eso y la idea de llevar una vida secreta. En las caricaturas todos los superhéroes y todas las heroínas tenían una doble vida, y todas ellas conjuraban sus poderes mágicos que las transformaban en un instante. Cuando Diana usaba sus superpoderes, se convertía en la Mujer Maravilla. Lo mismo con She-Ra: levantaba su espada, invocaba el poder de Grayskull y en un instante se rodeaba de luces, brillos, polvos y magia; le crecía el pelo y se ponía más bonita; su caballo se transformaba en un pegaso y ella, en la princesa del poder, quien era buena e impartía justicia.

En mi lógica de fantasía anhelaba lo mismo: invocar un poder mágico que me transformara al instante en una chica guapa, con pelo largo, cintura estrecha, falda corta y poderes benignos. ¿Acaso era imposible? Sé que muchas niñas sueñan así. Luego crecen y aprenden que son fantasías de caramelo que nada tienen que ver con la realidad. Yo también crecí, aunque guardé esas fantasías y siempre, siempre tuve en mí la esperanza de que algún día se harían realidad. Por eso rezaba: en vista de que no tenía poderes mágicos ni un castillo, durante muchos años le rogué a Dios y a los santos que me hicieran el milagro. Era otra manera de pedir un acto de magia.

La ley del más fuerte

Al terminar la primaria estuve a un pelo de hacerme seminarista. ¿Qué tal? ¡Yo de padrecito! ¡Ay, no! El padre Ezequiel dirigía los concursos de canto, tocaba el piano y estaba a cargo del coro. Él nos invitó a mí y a varios amigos a un retiro, una especie de propedéutico para hacernos seminaristas. A mí me atraía asistir porque tenía la idea vaga de algo muy espiritual o religioso. Sin embargo, en mi casa dijeron rotundamente que no —por fortuna—; no me acuerdo por qué, aunque tengo la impresión de que desde entonces conocíamos muchas historias oscuras acerca de los seminarios; era un secreto a voces que abusaban sexualmente de los niños.

Hasta los once años me la pasé cantando y hablando. Todo el tiempo andaba con el *chincual* o como *jiribilla*. Una maestra llegó a amarrarme a la banca del salón con tal de que me estuviera en paz un rato. Había un niño a quien le decíamos el Besitos porque correteaba a los niños para besarlos —se me hace que yo inventé ese juego y creo que era quien más lo disfrutaba—. Era como una extensión de los besos del kínder. Sin embargo, conforme fuimos cumpliendo doce años los demás ya no quisieron. Cuando jugábamos "policías y ladrones", me encantaba que me atrapara el chico que me gustaba, a quien de seguro no se le ocurría por qué me dejaba capturar con facilidad.

La Fray Pedro de Gante era kínder y primaria, y después se amplió a secundaria. Las monjas me procuraban mucho y una de ellas intercedió para que me dieran una beca, pues sabían que mis papás no eran gente de dinero y que pagar la colegiatura les habría resultado imposible. Me la otorgaron, pero la rechacé, porque mis mejores amigos me dijeron que se irían a la secundaria Leobino, competencia de la Fray Pedro, sólo que de gobierno y con un ambiente muy diferente. Mi mamá estaba preocupada porque en las escuelas públicas los niños se vuelven tremendos, y yo era un "niño bien". Mi hermano ya había entrado a la secundaria oficial —él pasó a tercero cuando yo entré a primero—, y sí, empezó a volverse tremendo. Total, mis "poderosas" razones consistían en que no quería quedarme entre desconocidos. Si mis amigos se iban a la Leobino, allá me iría con ellos. ¡Error! Allí empezó la gran debacle y una de las épocas más oscuras de mi vida. En la primaria andaba con los niños para todos lados, jugábamos y me enamoraba de ellos —eran amorcitos infantiles, ilusiones—. Todo esto se fue desvaneciendo y me volví muy retraído.

En secundaria empecé a sufrir. De los tres años, el primero fue malo, aunque el segundo resultó de terror. Al principio creí que todo sería tranquilo y agradable, como antes, pero allí empezaron las agresiones y el bullying a todo lo que daban. Mi mayor memoria de entonces es la sensación de apagarme. Después de gozar de mucha energía, de liderar a los compañeros, de andar siempre con mucha pila, empecé a encogerme, a reprimirme y a llorar todo el tiempo.

Nada más entrar a la Leobino descubrí que mi mejor amigo no se había cambiado. Lloré mucho. Al final casi todos mis compañeros se habían quedado en otra escuela y conmigo nada más llegaron dos: S y L, pero este último se pasó al lado oscuro, a la bandita de los que me hacían bullying. Yo me sentí muy solo porque había sido un muy buen amigo.

Como no era "normal" que me gustaran los niños, mantenía mis enamoramientos en secreto. Uno de los momentos más definitorios fue cuando me di cuenta de que el niño que me gustaba, Dl, jamás se fijaría en mí. ¿Por qué? No por lo que sí era —ante el mundo, un niño cualquiera—, sino porque no era una niña. Lloraba todas las noches por él, pues era imposible que me correspondiera. Yo estaba muy enamorado de él y sufría porque a él le gustaba A, una niña hermosísima, de cabello rizado y pecas quien luego se convirtió en una de las mujeres más guapas del pueblo.

Aquélla fue una cubetada de agua helada para mí, pues me di cuenta de una manera más lúcida —en absoluto infantil— de que existía una brecha insalvable. Ya no sólo se trataba de querer usar vestidos ni de estar reducido a los pantalones ni de ponerme a escondidas una colcha para simular que era una falda, sino de algo esencial: a los niños —entre quienes todos me contaban, menos yo— los atraían las niñas, y eso me excluía de modo tajante, porque a los niños no podían gustarles otros niños. Con los años ése se convirtió en otro de mis martirios. Me dolía mucho saber que los niños no me querrían como a las niñas y eso me causaba mucha angustia. En esa etapa también cobré conciencia de que la gente no me aceptaría como era ni por lo que era: no podía ser yo mismo porque eso atraería el odio y la violencia de la gente.

Ya era común escuchar en la escuela: "Fulano y Zutana se gustan". Las niñas empezaban a coquetear con los niños, se mandaban recaditos y a mis compañeras les llegaban rumores de algún admirador secreto o no tan secreto. En la secundaria y la prepa es cuando uno aprende a besar, a enamorarse, a desenamorarse, a ponerse ropa bonita. ¿Y qué aprendí yo? A encerrarme en mí mismo, a añorar cosas que me estaban prohibidas y a armar mecanismos de protección. Por ejemplo, me daba terror entrar al baño de hombres durante el receso, de modo que me aguantaba y no iba hasta comenzada la clase. Si no me dejaban, me aguantaba hasta que pudiera ir al baño a solas, sin encontrarme con otro niño. Eso sí, nunca soporté los mingitorios; de grande tampoco usaba los baños públicos si podía evitarlo.

Había una telenovela, "Baila conmigo", en la que salía Bibi Gaytán. Yo tenía el soundtrack, que era música sesentera de rocanrol. En ese tiempo dormía con mi hermano mayor y me hacía crinolinas con las colchas de la cama. Por las noches me salía del cuarto, me acostaba en la alfombra de la sala, ponía el casete con las canciones de la telenovela —una de éstas, "Olvídame", me hacía llorar a chorros— y me colocaba la toalla en la cabeza para simular que tenía el pelo largo, pues mi papá seguía en su empeño de que lo trajera corto.

En esa época pasaban en la tele *Jem and the Holograms,* una caricatura roquera, con una banda de chicas buenas y otra de chicas malas. Era un programa musical y me aprendí todas las canciones. Quería ser como Jerrica, la protagonista, a quien sus aretes de estrellas color rosa la transformaban mágicamente en la cantante de la banda.

Luego, en el canal de Disney, empezaron a pasar *La Sirenita.* Entonces los seres "normales" me perdieron para siempre, porque me volví muy fan, tanto que me desvelaba para verla. Era obvio: una sirena que cantaba, estaba enamorada y se tenía que sacrificar por su amor era mi historia de pe a pa. Como pasaba ya muy tarde, todas las noches me levantaba a escondidas a ver la tele, que estaba en la sala de la casa. Mis papás dormían en la parte de arriba y mis hermanos y yo, abajo. Cuando mi mamá me sorprendía, me regañaba:

—¡Ya vete a dormir!

En mi casa, en mi cuarto, en soledad, llegaba a hacer todo lo que no podía en el mundo exterior. Por ejemplo, me ponía los vestidos de mi mamá y vivía mis propias historias. Ponía "Sangre", una canción de Thalía, cuyo disco tenía una portada roja con una cruz egipcia que me encantaba. Ésa fue mi canción de la secundaria.

No sé por qué dejé de usar los vestidos de mi mamá y las colchas como falda y las toallas como peluca. Tal vez me machacaron tanto con que eso no era para mí y con que tenía que ser un hombrecito que acabé por dejarlo para que no me descubrieran.

Lo peor del inicio de mi adolescencia fue que dejé de cantar durante los tres años de secundaria. Ya no había concursos de canto, porque ya no había coro de monjas ni sacerdotes pianistas. En lugar de buscar fuera de la escuela, opté por callarme, entre otras cosas porque mi voz empezó a convertirse en un defecto.

En segundo año a mis compañeros les llamaba la atención que siguiera hablando igual, y de ser alguien con voz infantil me convertí en el que tenía voz de niña: no me salían los típicos "gallos" ni se me hacía ronca. Era un gran problema, entre otras cosas porque en cada clase, a diario, los maestros pasaban lista y teníamos que responder "presente" cuando decían nuestro nombre. Al llegar mi turno, la voz me salía aguda y todo el salón se carcajeaba. Los maestros no hacían nada; a lo mejor lo veían como parte del relajo adolescente. Sin embargo, para mí era mortificante, porque me exponía. Cada vez que ocurría, sin falla, se reían de mí. Era como el momento de la risa para el grupo: "Jajajá, búrlense del putito".

A mis compañeros también se les hacía raro que no me juntara con ellos, que no jugara en las canchas deportes bruscos ni me integrara a sus dinámicas masculinas porque prefería quedarme a platicar con las mujeres o con mi amigo S.

Entonces empezó lo peor: descubrieron su fase más violenta y abusiva, y empezaron a agredirme. Una vez estaban en bolita y me acerqué por curiosidad. Resultó un gran error porque miraban tarjetas pornográficas. Ése no fue el problema, sino que entre todos me agarraron y me dijeron:

—Mira lo que tenemos aquí. De seguro tú no has visto esto.

Cuando traté de irme, me sentaron, me sujetaron de la mandíbula para que me quedara quieto y me enseñaron una de las cartas, donde había una chava junto a una piscina y un hombre con los genitales sobre ella. Me dijeron:

—Ésta quieres ser tú, ¿verdad? ¿Quieres que nosotros te hagamos eso?

Sentí mucho miedo. El corazón me martillaba. Al mismo tiempo la escena me llamó mucho la atención. Experimenté muchas cosas en un instante. No he podido superar ese momento. Conservo muy vívida la imagen de esa tarjeta, la chica desnuda, el señor con la erección casi en su cara. Ésa fue mi primera interacción con la pornografía.

Entonces las niñas llegaron a defenderme:

—¡Ya, déjenlo en paz! ¡Qué asco que estén viendo eso!

Ellos se calmaron y, sin saber cómo terminar su broma, me dejaron ir. Sentí entre suciedad y asco por mi curiosidad, y me quedó una sensación muy desagradable. Me acuerdo que después entramos al salón y pedí permiso para ir al baño, y ahí me encerré a llorar.

Había episodios que se repetían con frecuencia. Los niños me acorralaban y me decían:

—¿Por qué eres así? ¿Por qué hablas así? ¿Por qué te juntas con las niñas?

No todos se mostraban agresivos. Algunos me lo preguntaban en buena onda. Por lo menos dos eran más tranquilos; luego me enteré de que justo ellos son gays, aunque para entonces no se les notaba, claro. Tenían un estatus y los respetaban porque no se les veía, al contrario de mí, que llamaba la atención aunque no hiciera nada.

Otra ocasión, durante el receso, entre varios me llevaron a la fuerza a la cancha de básquet. Uno de ellos me pasó el antebrazo por el cuello y me sujetó muy fuerte. Comenzó a restregar su erección contra mi trasero y a apretarme el pene y los testículos. Mientras me lastimaba, me decía:

—¿Qué? ¿Te gusta, verdad, putito? ¿Esto quieres?

Me zafé como pude, me fui corriendo al salón y volví a llorar. Resultó que ese chavo la pasaba muy mal en su casa, aunque en ese momento yo no tenía idea de cómo vivía. Años después me contaron que su papá era alcohólico y lo golpeaba mucho. Su mamá también. Él se fue de su casa y acabó en la calle. Tuvo una vida muy difícil. Luego supe que murió: dicen que lo mataron por andar metido en broncas grandes. Con el tiempo, a pesar de que se me quedó muy grabado ese episodio tan violento, comencé a entender por qué era así conmigo.

Había otro compañero que me preguntaba por qué era así, qué me había pasado de niño, qué me habían hecho. Me interrogaba:

—¿Te cortaron un huevo o qué te pasó?

Las agresiones siempre iban contra los que no eran como ellos, que no encajaban o que trataban de hacer las cosas diferentes. Y así es en general, como si la secundaria nunca se hubiera terminado. Los demás piensan: "Así no se hacen las cosas porque lo digo yo", y agreden a los que no consideran sus semejantes. Yo entendía por qué me decían cosas como que me faltaba un huevo, pues mi relación con mis genitales era para hacer del baño o para sentir placer cuando me los tocaba.

A diferencia de los otros niños, no estaba orgulloso de mi pene. Cuando ellos usaban pants, supongo que les gustaba que se les notara el bulto; cuando los usaba yo, me sentía mal porque veía una cosa ahí, sobresaliendo, muy molesta, la cual me provocaba mucha frustración y un tremendo sentido de antiestética. Como me desagradaba tener eso ahí y mirarlo me resultaba asqueroso, insistía en usar suéteres largos.

Cada vez empezaba a ser más femenino. No era un acto de voluntad ni una elección. Siempre había sido yo de manera

34

espontánea. En mi casa nunca me habían dicho nada por serlo ni me parecía que estuviera haciendo cosas fuera de lo común. Aún no tenía esa conciencia ni asociaba mis gustos y mi comportamiento con mi sexualidad. Tenía secretos, pero eran el resultado de un mecanismo de defensa. No dejaba de pensar lo que pensaba —por ejemplo, que me gustaba un niño u otro—, pero como sabía que esos pensamientos eran los que condenaban los niños, nunca hacía nada en consecuencia. Es decir, por fuera era una persona y por dentro otra. Sé que toda la gente es así, aunque por mucho tiempo esto fue algo muy extremo en mí. A lo mejor ésa es la disforia: tener una esencia y enterrarla debajo de capas de comportamiento socialmente aceptables, hasta que revientes.

En ese tiempo rezaba más que nunca. Le pedía a Dios que, por favor, cambiara mi situación, que me cambiara el cuerpo. También le decía:

—Dios, ya no quiero que se burlen de mí en la escuela; si tuviera un cuerpo que me corresponda, de seguro ya no se burlarán de mí.

Así pensaba en ese entonces, porque carecía de la mínima información. Cuando nos formábamos y tomábamos distancia, me sentía incómodo porque me tocaba estar entre los niños. Quería formarme con ellas, pero no tenía un uniforme de niña —en mi casa nunca me lo comprarían porque no era niña—. Lo más saludable de esa época fue la rebeldía contra mi papá. Por ejemplo, me dejaba crecer un poco el pelo y él, otra vez:

—No. Te lo vas a cortar porque lo digo yo y porque así es como lo debes traer.

Empezaba a ponerme al brinco; ya no le decía que sí como el niñito que antes iba todo cabizbajo a que lo trasquilaran. A veces lo desafiaba:

—No quiero: a mí me gusta así.

—Te lo estoy diciendo y te lo vas a ir a cortar.

Como mi hermano mayor peluqueaba a los perritos que tenía, otras veces le decía:

—Pues ya: mejor córtame tú el pelo —y me resignaba.

En tercer año tuvimos que escoger un taller. Había corte y confección, mecanografía y carpintería, y era muy obvio a dónde debía irse cada quien: los niños a carpintería y las niñas a costura. La gente que estaba entre azul y buenas noches acababa en "meca". Por suerte, la mayoría de mis amigas se fue a mecanografía, así que tenía un buen pretexto para irme con ellas sin que se notara demasiado que jamás elegiría carpintería, como el resto de los chicos. Cuando llegaron a preguntarme por qué no me iba con ellos, esgrimí el mejor pretexto:

—Porque a eso se dedica mi papá. No tiene caso que me meta, porque ya sé hacer todo.

Desde luego que era falso: yo no sabía ni clavar un clavo, aunque me sirvió de escudo.

Celia, la maestra de mecanografía, me quería mucho. También Carmela, la prefecta, quien se daba cuenta de lo que pasaba en la escuela: veía cómo me maltrataban y cómo me comportaba. Supongo que fue una de las razones por las que me dio poder. Al empezar el año escolar me dijo que sería el jefe de grupo y quien impondría la disciplina:

—Tú vas a decir quién tiene un reporte, y a quien lo tenga le irá muy mal en la escuela, pues vamos a mandar llamar a sus papás.

En la tarde, al salir de clases, aprovechaba el camino de regreso para llorar, llorar y llorar por todo lo que me había pasado durante el día. También lloraba por un chavo del que estaba enamoradísimo y que, una vez más, nunca me haría caso. En el último tramo antes de llegar a la casa me empezaba a secar las lágrimas. Desde entonces aprendí actuación: apretaba los ojos con fuerza para que se me quitaran y, como la nariz siempre se me puso roja, llegaba directo al baño para que mi mamá no se diera cuenta. Ahí me limpiaba la cara y practicaba mi gesto de calma frente al espejo. Ahí aprendí y perfeccioné el arte de aparentar ser quien no era y a simular cosas que no sentía para que mis papás no se preocuparan ni tuviera que contarles lo que ocurría en la escuela.

Tal vez ése fue uno de mis errores. Tal vez debí hablar con ellos y decirles lo que me hacían y lo que me pasaba. La verdad es que me aterraba su reacción. Tenía miedo de que mi mamá sufriera y de que mi papá se enojara. Prefería callarme y contarles sólo lo relativo a la escuela y las calificaciones, pero de mi vida, de mi verdadero yo, jamás decía nada. Eso era íntimo, personal, de mi adolescencia: justo en la etapa en que se supone que uno debería hablar con sus papás porque despierta a la sexualidad y a la vida con mucha confusión, es también cuando casi nadie se comunica con ellos.

Durante esos tres años estuve enamorado —o enamorada— de Dl. En segundo de secundaria también me gustaba otro de mi salón, Cr. Nos sentábamos en bancas que quedaban a la misma altura y siempre me pedía regla, goma, tijeras; como la niña eficiente que era, yo siempre llevaba todo. Nos llevábamos bien. Creo que él sabía que me gustaba, pero no hizo nada por alejarse; aunque, claro, tampoco se acercaba más.

Dl nunca me hizo el menor caso, y ahí me iba yo a llorar otra vez. Me encantaban sus ojos, su cabello y su sonrisa. En cuanto llegaba a la escuela, lo primero que hacía era ver si ya había llegado para saludarlo. En mi imaginario, una chica como yo podía convivir con alguien como él. Obviamente, su realidad era muy distinta: éramos amigos, varones, jugábamos juntos, la pasábamos padre y ya. E incluso eso se acabó muy pronto.

Un día, cuando seguíamos en primero, lo vi irse del salón, me asomé por la ventana que daba al pasillo y le grité:

—¡No, no te vayas!

Todo el mundo se rio de mí, pues se dieron cuenta de que me gustaba. Él ya iba muy lejos y yo descubrí que me había salido del guion, haciendo algo que no encajaba. Me sentí tan mal que me oculté junto a la ventana, y eso me evidenció más. A partir de ese día dejamos de hablarnos. Me dolió mucho. Es un ejemplo de que, cuando la gente se burla de alguien, esa persona asume: "Esto no se hace, porque el resultado duele".

Mi amigo Sergio conocía a Dl y a su primo, Dm. Solía decirle que yo andaría con Dl y él, con Dm. Pero mi amigo decía que él no pretendía andar con Dm; si yo quería, pues podía andar con Dl, pero ¿qué esperanzas? Así terminó el juego. Tres años enamorado —enamorada— de un chico que nunca me hizo caso. Supongo que a muchas chicas les pasa esto, como un rito de paso, pero al menos ellas tienen la esperanza de que algún día algún otro hombre les hará caso. En ese entonces yo no tenía esperanza de nada.

Gracias a que, como jefe de grupo, me dieron el poder de reportar a quien quisiera, los chavos se empezaron a calmar conmigo. Aun así no dejaban de burlarse. Por ejemplo, cuando el profesor pasaba lista y decía "Saúl Martínez", los chavos contestaban:

—No es Saúl, es Saúla.

Yo empezaba a hacerme un poco más fuerte, a formar mi caparazón, aunque no dejaba de dolerme. Al menos mis amigas me defendían, porque les gustaba cómo les cantaba cuando no había nadie más, mientras los chavos jugaban futbol o básquetbol en las canchas y yo me quedaba con ellas en el salón. Éramos un grupito de diez. Dos estaban enamoradas de mí.

—¿Qué, no te gusto? ¿Qué, te gustan los hombres? —me preguntaban y se burlaban.

Si bien incluso ellas me hacían bullying, yo me sentía más a gusto, más entre iguales que con los hombres, y no me importaba que me dijeran esas cosas. Les contestaba:

—No, no me gustas. A mí me gustan las de la tele y tú no estás tan guapa como ellas.

Para sobrevivir también tuve que aprender a ser cruel. ¿A poco les iba a decir que la verdad era que me gustaba Dl? Pues no, porque también les tenía miedo y no me sentía en confianza para sincerarme.

Sergio se empezó a aislar y le salió peor. Dejó de juntarse con las niñas y no podía irse con los niños, porque era muy tímido. No sé qué le ocurría en particular o si se debió a tanto bullying que nos hicieron a los dos. Dejó de hablar con todos. Se encerró muchísimo y eso lo hizo un mayor blanco de agresiones. Yo me preocupaba, pero al mismo tiempo pensaba que, si me veían cerca de él, me bulearían más.

Al final Sergio y yo terminamos enojados. Un día nos peleamos muy fuerte —no recuerdo la causa concreta— y le encajé en la mano una regla metálica. Dejamos de hablarnos toda la secundaria y la prepa. Aunque nos distanciamos, me preocupaba y tenía muchos sentimientos encontrados; sentía feo por él y creo que todas las chavas compartían el sentimiento. Una vez lo agarraron entre varios chavos y lo estrellaron contra la pared. Eran como diez y se le fueron encima. Terminó muy adolorido. Lloró enfrente del grupo sin decir una sola palabra: sólo le resbalaban las lágrimas por la cara. No sé si él tampoco decía nada en casa. Era demasiada crueldad contra alguien que no se podía defender.

Años después volvimos a ser amigos y hasta canté en su boda. Ahora todo está bien entre nosotros.

En la secundaria nos clasificaban por "educación" e "inteligencia", según ellos. Había una especie de rango: la letra A correspondía a los más inteligentes y educados e iba descendiendo hasta la F, como en las calificaciones gringas. Gracias a que estaba en la A hice la secundaria en horario matutino. Nos advertían:

—No se junten con los de la tarde; son superviolentos, maleducados y muy burros. Ellos no estudian —mil peyorativos para los grupos vespertinos.

La segregación social estaba bastante cañona. Nosotros nos veíamos como los privilegiados, pero ¿los demás qué? Estoy segura de que tenían una realidad difícil. Supe que muchos vivían en hogares con mucha violencia y todo tipo de broncas; en mi casa también las había, pero hasta cierto punto crecimos bien, con amor. ¿Qué tiempo o qué ganas les darían de estudiar?

Supongo que lo mismo aplicaba para quienes me buleaban tanto. A veces les decía:

—Ya, déjennos en paz, no les estamos haciendo nada. Váyanse para allá.

A los débiles nos encerraban en el hueco detrás de la puerta del salón; ese espacio triangular que se forma cuando se abre la puerta y el filo pega contra la pared. Allí metían a una niña y a alguno de los niños más gandules para que hicieran "cosas". Nos decían:

—Si tanto te gusta, métete ahí con él.

Lejos de resultar emocionante, era muy violento. A mí me encerraron con un chico. Lo que más me asustaba era saber que, si él quería, podía tocarme; estaba a su merced, y eso me provocaba un terror espantoso porque ya me había pasado, ya había sufrido agresiones físicas. Era horrible que me tocaran en contra de mi voluntad. El temor de que me metieran a ese hueco era muy fuerte, y cuando ocurría la descarga de adrenalina era tremenda. Me ponía a gritar —lo cual ocasionaba que me quisieran joder más— hasta que llegaba la prefecta. Esto ocurría a diario, durante el receso.

Supongo que esas acciones formaban parte de la distracción diaria de los abusadores: era algo que tenía que pasar en la secundaria o que necesitaban hacer para divertirse. No se daban cuenta de lo que generaban en sus víctimas, nada más porque no éramos como ellos.

Cuando, en el último año, empecé a ponerme al tú por tú y a decirles que me dejaran en paz, algunos lo entendieron y otros no. Me contestaban:

—No te estés quejando. Pareces mariquita.

Sergio la pasó mucho peor. Finalmente, por medio de la música o la espiritualidad, yo desarrollé un carácter más fuerte que él, que siguió siendo tímido e introvertido, de modo que continuaron abusando de él. Yo los evitaba y me iba con las chicas a jugar futbol, pues con ellas sí me gustaba practicarlo.

Tendría que haber una mejor educación en la secundaria y en la prepa sobre esos temas, porque todos somos víctimas de víctimas. No concibo a un *bully* que sea así sólo por crueldad o por el placer de ser malo. Todos los chavos que en algún momento me atacaron eran hijos de padres alcohólicos, ausentes o golpeadores. Por ejemplo, al que me amagó y me manoseó le tocaba repetir el patrón, pues a él lo maltrataban mucho en casa. Muy pocos son capaces de tomar conciencia y decir: "Yo no quiero repetir el patrón. No quiero ser así".

Me volví un cerebrito. Me clavé en los estudios a manera de refugio. Buscaba evadirme, bloquear lo que vivía en la escuela cada día de la semana. Y mi mayor refugio acabó siendo la escuela misma, porque era algo productivo que podría traerme, si no beneficios, al menos la aceptación de algunos, empezando por mi familia, porque mis papás ponían énfasis en que tuviéramos buenas calificaciones. Igual con los maestros: si era buen alumno, me verían con buenos ojos. Ésta es una muestra de mi afán por complacer a los demás con tal de que me aceptaran. Si en esa época mi alegría y mi carácter abierto tuvieron una mella importante, mi timidez y costumbre de agradar se convirtieron en una suerte de escudo y a la par en una búsqueda; quería que me respetaran como persona, pero sentía que me obligaban a ganarme ese respeto, como si no fuera un derecho fundamental de cualquier ser humano.

En mi esfuerzo por complacer, al refugiarme en el desempeño académico terminé la secundaria con un promedio de diez. Por eso, y porque era el jefe de grupo, mis amigas me pusieron Mega Seso, un apodo que sacaron de una caricatura en la que salía un cerebro flotante y de color rosa.

La pasaba muy bien con ese grupo de chicas. Una de ellas era tremenda y me lanzaba el can todo el tiempo. Me preguntaba:

—¿Qué, no te gusto o qué?

—No, no me gustas.

—Pues de seguro eres joto.

—No sé, pero no me gustas.

Yo ni sabía qué significaba eso. Era un insulto sin sentido. Luego lo averigüé y años después hasta me esforcé por ser un buen joto, pero nunca lo logré. Creo que nunca lo fui.

El vello no me empezó a salir hasta muy tarde, a los dieciséis años. Odiaba tener las piernas peludas y me las empecé a rasurar para tenerlas lisitas, como de mujer. También los brazos, aunque allí no me salía tanto y los dejé por la paz. Creo que en mi casa ni cuenta se dieron. Obvio, me rasuraba la barba rala. Tuve suerte genética: mi papá es muy lampiño y los hijos también salimos así, de modo que a nadie se le hacía raro que no tuviera pelos en las piernas. Por fortuna nunca me salió en el pecho ni nada.

Para entonces los chicos ya no me molestaban tanto. Como que ya me iban conociendo y se les quitaron las ganas de bulearme. Al menos para tercero de secundaria veían que yo era buena onda, y aparte estaban obligados a dejarme en paz, a menos que quisieran un reporte.

Los maestros también me ayudaban. Aunque es una técnica que puede resultar contraproducente, me protegían mucho. Como para entonces sacaba dieces, todos me respetaban y les advertían a los demás:

—El que le haga algo se las verá conmigo.

Hay un episodio muy oscuro de mi adolescencia que no debería incluirse en ningún lado, aunque lo dejo al final de mi etapa de secundaria porque ocurrió cuando tenía quince años y estaba por cumplir dieciséis. En vez de un vestido de tul, una misa de agradecimiento y un vals con chambelanes, entre los quince años y los *sweet sixteen* tuve una crisis tan fuerte que traté de cortarme el pene.

No hubo nada en particular que la detonara. Se me acumuló la presión. Vivía con mucho estrés —todavía en la prepa viví así—. Sentía un miedo extremo si me quedaba solo y cerca de los grupitos de chicos o si tenía que pasar por donde estaban. Ir a la escuela me ocasionaba mucha zozobra, porque podía pasarme cualquier cosa. Era demasiada violencia y quedé muy escamado. Crecí bajo el temor de que cualquier bandita se inventara nuevos insultos. Me gritaban:

—¡Puto! ¡Joto! ¡Maricón! Ven acá. ¿Me la mamas? Vamos al baño.

Yo no quería ser ninguna de esas cosas, así que se me ocurrió que la solución era dejar de ser joto y puto y maricón. Es muy difícil que alguien que no ha padecido esos niveles de abuso entienda cómo es vivir con terror a diario. También es muy difícil que alguien que es cisgénero y ve todo desde la óptica de que las cosas están en orden entienda qué es odiar el propio cuerpo a ese nivel. Pero eso era lo que me pasaba. No lo entendía con claridad. Mi desesperación era mucha. Me jalaba el pito con una fruición que incluía el deseo de arrancarlo. Si Dios no me hacía el milagro y mis oraciones no servían para nada, a lo mejor yo podía solucionarlo. Agarré unas tijeras, con la mano izquierda me sostuve el miembro y con la derecha intenté cortármelo. De pronto me asaltó un miedo tremendo a desangrarme y que mi mamá me encontrara ahí, en el piso. Empecé a cerrar las tijeras, muy despacio, y me pellizqué la piel. Me dolió, pero más que dolor sentí que era muy cobarde, porque no podría hacerlo. Fue muy breve y muy violento. Me hizo sentir culpa por no haber podido llevar a cabo eso que tanto anhelaba. Supongo que aún no me correspondía: para eso llegaría, años después, el mejor especialista de todo el mundo, bendito Dios.

Bien o mal, sobreviví a la secundaria. A la fiesta de graduación apenas fui un rato. Les dije a mis papás que no me sentía bien y nos regresamos a la casa. Yo hubiera querido usar un vestido, y eso no era posible. Me dio mucho sentimiento no ir al baile. Me presenté a la ceremonia de entrega de diplomas con mi traje, que odiaba usar porque representaba la reafirmación de que, en efecto, yo era como "ellos", no como "ellas". ¡Qué desagradable asociar la salida de esa etapa con aquel pinche traje!

Miserere

A la hora de decidir a qué prepa iría, elegí el Instituto Las Casas, que era privada. Ya había aprendido la lección en la secundaria y no quise volver a arriesgarme con una de gobierno. Mantuve la costumbre de usar suéteres grandísimos, que para entonces eran de color morado, verde fosforescente y colores estrafalarios; mis pantalones de mezclilla también eran morados y de otros tonos igual de llamativos.

El primer año me la pasé metido en los estudios. "No vayas a fiestas, no vayas a nada, no tengas amigas y vete de la escuela directito a tu casa." En los recesos me quedaba estudiando en el salón —que ese primer año estaba en una especie de sótano—, sin hablar con nadie. Ahí empecé a admirar a mi maestra de Historia, que se llamaba Blanca. Ella marcó una diferencia en mi vida: fue la primera que me enseñó qué clase de mujer quería llegar a ser —no lo articulaba de ese modo, aunque ahora lo veo así—. Las caricaturas habían estado muy bien en mi niñez, pero ella era real, una mujer de carne y hueso que se convirtió en mi superheroína, con cualidades que yo quería imitar y que hacía cosas que yo quería hacer; tenía mucho carácter, mucha presencia; era dulce, guapa, inteligente y muy preparada, muy culta.

En algún momento, un grupo de chavas me empezaron a hablar y creo que ahí empecé a tener amigas de verdad. No era sólo que me juntara con ellas, sino que se forjó una amistad más

45

auténtica. Desde entonces han formado parte de mi vida: son las Haches. En total éramos trece, contando a Alexandra, quien se integró al grupo en segundo año. Siempre estábamos en bola e íbamos así para todos lados, excepto al baño porque yo, claro, no podía entrar al de mujeres. Con esas amigas cantaba las canciones de OV7 y de Kabah. Nuestro día a día en la preparatoria incluía sentarnos en las mismas filas e ir a tomar el sol al patio. A los chavos se le hacía muy rara esa complicidad, porque había una división notoria entre hombres y mujeres. Ellos admiraban a las chicas del grupo y decían:

—Las chavas guapas y el maricón.

Incluso lo gritaban frente a toda la escuela. "Maricón" era una palabra hiriente, cargada de agresividad. Aún me daban mucho miedo los grupitos de amigos. Cada vez que pasaba frente a una pandilla, se me aceleraba el corazón y sentía un nudo en el estómago, pues me seguían diciendo cosas y agrediendo. Ya no hubo episodios tan violentos como el de la tarjeta porno en la secundaria, pero tampoco me dejaron en paz. A la menor provocación yo era el "joto" o el "mamacito" al que podían endilgarle insultos y cuestionar cuanto quisieran porque no era como ellos.

Desde los salones contiguos se escuchaban los gritos:

—¡Mamacito! ¿Cuándo vamos a salir?

Lo mismo pasaba con el baño de hombres: me aguantaba durante los recesos por temor a encontrarme a alguien. También me mandaban papelitos que decían: "Joto, puto, mayate, maricón": todas las palabras que encontraran para insultarme. Yo los entendía así, como meros insultos, pues sabía que era por mi personalidad, por juntarme con puras chicas. Eran sinónimos de lo que yo era: alguien distinto de los demás chavos, alguien que era lo que "debía" ser. Me sentía muy fuera de lugar, como un extraterrestre, como un fenómeno, porque no era mujer. Estaba a gusto con ellas, aunque todo el mundo decía que no debía estar ahí. No me identificaba con los hombres porque no era hombre, ni con las mujeres porque no era mujer; tampoco con los chicos gays —había dos o tres en la escuela—, porque a ellos sí les gustaba que les dijeran cosas o al menos tenían una estrategia: cuando los fregaban, contestaban o seguían la corriente. Yo no podía. Yo estaba en tierra de nadie.

Me hice famoso por ser tan amanerado. En el último año la gente se refería a mí como "el putito de Humanidades, el mujercito". En humanidades éramos unos cuarenta alumnos y sólo había como cinco hombres, por lo que todos me conocían.

Salí de la prepa con promedio de 9.8. Los maestros me querían mucho y me defendían. Curiosamente, los adultos no veían nada raro en mí o no lo externaban de manera negativa, mientras que mis compañeros veían todo malo. Al menos esa etapa sirvió para fortalecer un poco mi carácter, sobre todo gracias a mis amigas, quienes me defendían y se convirtieron en mis heroínas. Ahora admiraba a mujeres reales y quería ser como ellas —un deseo con mucha más estructura que el de parecerme a un personaje animado—. Por ejemplo, comencé a amarrarme los suéteres a la cintura, eso en la década de 1990 era la moda, pero para mí no sólo significaba un estilo de vestir, sino mi propia indumentaria, porque me imaginaba con falda —ahora que veo las fotos, era una moda horrible—. Esas chicas se convirtieron en mi familia y se quedaron conmigo hasta hoy: Ariadna, Esther, Tere, Alexandra y Mónica son mis mejores amigas de la vida. Mónica se fue a vivir a Nueva York; Esther, a Madrid, y las demás se quedaron en San Miguel de Allende.

Empecé a pensar que todos los hombres eran horribles y agresivos, como los *bullies* de la secundaria. Me quedé con esa idea mucho tiempo. Pensaba: "¿Para qué me enamoro si nada más voy a sufrir con ellos?". En parte ésa fue la razón por la que en primero de prepa no me gustó nadie. Después empezó a atraerme un chico que estaba en un grupo católico y era buena onda conmigo. Eso me hizo pensar que alguien de un grupo católico sí me trataría bien, de modo que podía enamorarme de un hombre así. Me metí ese rollo en la cabeza: que los hombres creyentes y religiosos me tratarían bien, y todo porque a los dieciséis años entré a un grupo que se llamaba Misión Católica Juvenil (MCJ), cuyo nombre lo dice todo.

Para entonces ya tenía definido quiénes serían mis amigos de toda la vida debido a la aceptación, el cariño y la admiración que les tenía: Sebastián, Paco, Juan Antonio y Benjamín. Con los tres últimos ocurrió un distanciamiento. A Paco no lo había vuelto a ver hasta fechas recientes, cuando volví a San Miguel, pero Sebastián ha estado todo el tiempo ahí, junto con las Haches. Ese nombre salió de una piyamada a la que no fui porque mi mamá no me dejó. Tal vez pensó que su hijo se desenfrenaría con las chicas —jajajá— o acaso su instinto le dijo que la invitación implicaba que su hijo se parecía demasiado a ellas. A mis amigas no les molestaba que yo no fuera como los otros chicos, porque me consideraban como una de ellas. Claro que tampoco le dijeron a sus mamás: "Saúl va a venir a la piyamada". Ahora que lo veo a la distancia, si a mí me dijeran eso de un chavito, pensaría: "¿Qué va a hacer un chico en una piyamada? ¿Les irá a bailar o qué?". Ahora mi mamá me dice:

—¡Ay, perdón, no sabía!

Si me hubiera visto como una hija —que era como yo quería que me viera—, me habría dejado ir, porque nadie corría el peligro de sexo adolescente.

Las que sí fueron se quedaron despiertas toda la noche y a la mañana siguiente tenían unas ojeras marca "morirás", así que bromeaban entre ellas:

—¡Ay, pareces mapache!

De ahí llegaron a:

—Entonces seremos las Haches —ni modo que se pusieran las Mapachas.

Más tarde les dije que necesitábamos darle otro sentido a la letra hache, como "hermosas" o "hermanas" —yo siempre de superñoña—. La idea les gustó tanto que mandamos a hacer unas playeras que enfrente decían HS FRIENDS FOREVER, y atrás cada una escribió algo para las demás. Mi mensaje era muy religioso, combinado con notas musicales. Fue muy bonito. A ellas les quedaron perfectas, pero la mía parecía un camisón, porque yo no había ido y no había de mi talla; asumieron que, como era hombre, debía ser más grande, y hasta la fecha la uso así.

Como a mi mamá no le parecía normal que un chico se juntara con un grupo de "sólo chicas", tenía restricciones para juntarme con ellas, así que no las acompañaba a muchos lados. La anécdota es importante porque, en el estreno mundial de *Made in Bangkok,* en Guadalajara, me llevé la dichosa playera. Todas querían ir conmigo y no pudieron, de modo que les envíe una foto donde la llevo puesta:

—Miren, sí vinieron conmigo —les dije.

Una de las mejores fortunas de la prepa fue encontrarlas y conocerlas. Ahora esas muchachitas son mujeres increíbles que viven felices y libres por el mundo.

Otro aspecto que rescato de esa etapa es que ¡volví a la música! En primero de prepa me criticaban mucho por la voz, hasta que el padre Saturnino, quien daba misa en la escuela, organizó un concurso de canto y me inscribí: auténtica vocación, porque no podía seguir sin cantar. Aquello fue más fuerte que mi vergüenza y mi miedo a presentarme frente a todos. Gané el segundo lugar con el tema de *Pocahontas,* "Colores en el viento", que hablaba de mis creencias: cuidar la naturaleza y respetar. Eso hizo que a mucha gente le llamara la atención mi voz, que no se había vuelto de hombre.

También se organizó una rondalla en la que interpretábamos canciones como "Reloj" o "Wendoline". Allí conocí a Denisse, quien también iba en mi prepa. Nos empezamos a juntar porque ella tocaba la guitarra y cantaba, y me invitaron a unirme porque yo cantaba muy bien. Hasta la fecha es otra de mis mejores amigas.

Empezaba a tener algo de vida social, que consistía en ir al grupo católico. No asistía a fiestas ni a nada que significara una separación entre el vestuario y el género.

Había un chico con el que me llevaba muy bien, T. Creo que me admiraba mucho y me enamoré de él, de sus ojos y de su manera de ser. Me la pasaba en la MCJ y cantaba mucho. Hasta la fecha me encanta la música que ejecutábamos allí, porque era pop, muy bien hecha. Incluso acudí a retiros católicos donde estaba Jésed, un grupo de Monterrey.

Teníamos maestros mucho más grandes que nosotros y que estaban guapísimos. Yo pensaba: "Dios mío, líbrame de la tentación", pero siempre en silencio, en secreto. Y aunque sentía que la masturbación era algo malo, me parecía aún peor la posibilidad de tener relaciones con un hombre. Por eso, apenas entré al grupo, hice votos de castidad y virginidad: me puse un anillo de plata muy bonito que me compró mi papá, con una cruz rodeada de hojas. Nadie me obligó ni me lo impuso; por mi propia cuenta decidí hacer ese compromiso secreto —¡cómo no!— y sagrado: no tendría tratos carnales con ningún hombre ni me interesaba tenerlos con ninguna mujer. ¿Será que pensaría que moriría virgen? El caso es que recé en silencio e hice mi promesa. ¡Esos votos me duraron casi diez años! Parece increíble, pero es la verdad.

Como era muy creyente, cuando me confesaba era otra historia: la dualidad continuaba, trataba de encontrar consuelo espiritual y no podía ocultarle nada al sacerdote:

—Padre, me gustan los hombres y siento que soy una mujer…

No sé si no le daban mucha importancia o les parecía una revelación común. Lo cierto es que nunca platicaban conmigo ni me orientaban. Eso sí: como era la confesión, me ponían penitencias larguísimas: cuatro rosarios y cosas así. Yo pensaba: "No lo vuelvo a hacer". No quería volver a decirles que me gustaban los hombres, porque los rosarios nada más servían para reforzar ese secretismo.

50

Hubo un tiempo en que no me parecía tan grave que me gustaran los hombres. Total, mirar no tiene nada de malo y no pensaba actuar —"votos de castidad, votos de castidad"—. Lo que sí veía como un gran pecado era la masturbación, una de las prácticas más recurrentes de mi vida, y más a esa edad. Ahora me confesaba por onanismo, y me daban otra penitencia. Así pasé esos tres años: supermetido en la MCJ, que después se convirtió en una comunidad llamada Siloé. Lo que hacíamos allí era reunirnos, cantar y hablar en voz alta con Dios. Lo disfruté mucho y me ayudó a sobrevivir la prepa: eso y la música marcaron mi vida, cada una en forma distinta.

A los diecisiete años pinté mi cuarto como si fuera el mar, todo de azul y arriba, cerca del techo, las olas; lo llené de peces, sirenas y tritones a escala real. Uno de mis modelos para estos últimos fue Fernando Colunga. Estaba enamoradísima de Ramón Ramírez, el futbolista de las Chivas, y tenía un póster de él. Mis papás pensaban que lo admiraba mucho, sin imaginar la verdadera razón, mucho menos que ya era un experto consumidor de porno. Debería decir una experta, porque no compraba la *Playboy* ni me gustaba el porno gay, cuyas publicaciones eran de la peor calidad. ¿Qué compraba entonces? La *Playgirl,* una revista cara que seguía el estereotipo masculino, aunque al menos estaba dirigida a las chicas. Claro que no hice mi colección como con los *Clásicos Ilustrados.*

Para ese momento iba en el turno vespertino, desde las tres de la tarde hasta las nueve de la noche, y necesitaba usar el transporte público de la escuela a mi casa, aunque no lo hacía porque los micros en San Miguel eran auténticas carcachas y nada les funcionaba, empezando por el timbre. Por lo tanto, habría tenido que gritar: "¡Bajan!", y pues no. ¿Para que se burlaran de mi aspecto de adolescente flacucho con voz de mujer? Mejor a pie.

De camino a casa, luego de juntar dinero, cada tanto me compraba una revista. La veía a escondidas, en la calle, y después la tiraba, porque me daba miedo que me la cacharan. Ahí empezó mi afición por el porno, en ese entonces leve, con contenidos *soft*, aunque servían para lo mismo. Sé que todos los adolescentes pasan por esa etapa, pero si son bugas compran revistas para hombres. En cuanto a mí, fantaseaba que era alguna de las chicas que salían en las revistas, deseadas por un hombre guapo y musculoso. Me gustaba ver esos cuerpos masculinos, torneados, exhibidos. ¿Para qué comprarme porno para hombres, que era menos entretenido porque nada más salían mujeres? En algún momento, cuando mis gustos se hicieron más caros y crecí un poco más, las guardaba debajo de mi colchón, porque ya no dormía con mi hermano.

Cuando resistía la tentación, en lugar de ver la *Playgirl* regresaba llorando a mi casa, igual que en la secundaria. Antes de entrar, lo mismo: me secaba las lágrimas, me iba a mi cuarto y lloraba otra vez, no sólo por los insultos, sino porque también me enamoraba de los chavos y, obviamente, nadie me correspondía.

En la prepa nada más estuve enamorada de At y de un amigo de mi hermano. Había un grupito de chavos que querían con mis amigas, mientras que a mí me hacían bullying. Uno de ellos, F, era un desmadre; les gritaba a los maestros y se salía de las clases cuando quería. También estaban Cr y su amigo Ag. Una vez, a la salida, F le gritó a sus amigos:

—Yo me quedo aquí con Alexandra.

Cr y Ag dijeron:

—Ah, entonces nosotros con el Saúl.

Me levantaron de donde estábamos, me acorralaron en la puerta de una de las casas y Cr me preguntó:

—¿Qué, te gustaría quedarte conmigo? —acercó mucho su cara a la mía y yo no sabía qué decir.

Al fin me atreví a contestarle:

—No, ya déjame en paz.

Muchos de la secundaria se habían ido a la misma prepa que yo, por lo que sabían que era un blanco fácil. Más tarde los amigos de F, Cr y Ag estuvieron conmigo en el servicio militar.

En ese tiempo sentía que sólo podía hablar con Dios. Aunque él no estaba ahí ni podía verlo ni tocarlo, creía mucho en su poder. Creía que había un Dios bueno porque había hecho mi primera comunión y me había pasado la primaria en una escuela de monjas. Ellas me enseñaron que el Señor estaba ahí todo el tiempo y que me escuchaba. De ese modo aprendí a contarle a alguien, aunque no lo viera, todo lo que me pasaba. Creía en su presencia y, como también creía que me escuchaba, le pedía que, si era tan milagroso, me hiciera el milagro de transformarme:

—Por favor, Dios, no puedo, no puedo: me siento muy mal por ser como soy.

Todo el tiempo me sentía mal. Era un dolor que no provenía de ningún lado, o bien de algo desconocido. Claro que no le decía: "No puedo con esta disforia de género porque nací transexual". Esas palabras ni siquiera estaban en mi vocabulario. Sin embargo, sabía que me sentía mal con mi cuerpo, con lo que sentía y con lo que hacía. Le hablaba a un Dios que consideraba amoroso, porque no habría tenido la confianza de pedirle esas cosas al Dios más furioso del Antiguo Testamento —la cosa es que también era un Dios con la dualidad de castigador—. Y si era así, ¿por qué me iba a confesar? Porque me sentía mal. Creía que yo hacía algo malo, y en la institución católica todo mundo dice todo el tiempo que Dios castiga si se hacen cosas malas. En realidad, para mí fue más un Dios amoroso. Al final los sacerdotes resultaron los malos, no sólo porque siempre me decían que lo mío era malo, sino porque muchos no seguían lo que predicaban.

Me sentía tan culpable que me iba a confesar cada ocho días. Las reuniones de la MCJ eran los sábados, y los domingos me confesaba, pues sólo así podía comulgar. A veces resistía la tentación y no veía pornografía toda una semana. El gran logro era cuando no me masturbaba durante el mismo periodo, aunque era una lucha constante. Pensaba: "No puede ser que sea tan impuro". A la vez me daba alegría, porque no tenía relaciones con nadie y eso me parecía un triunfo. Creo que todos los padres de San Miguel sabían quién era yo y cuáles eran mis pecados. ¡Qué curioso que los pecados más grandes para mí, como la exploración de mi cuerpo y el conocimiento de mi sexualidad, fueran en realidad prácticas que deberían ser muy normales para cualquier ser humano!

No sólo a los compañeros de la escuela se les hacía raro que la voz nunca me cambiara: a todo el mundo le extrañaba, empezando por mi papá, quien un día me llevó con una maestra, la señora León, para ver si me la "arreglaba". Ella fue la que le dijo que yo podía ser un prodigio, la primera en descubrir que tenía un talento más allá de "cantar bonito" que podría convertirme en profesional. Lástima que mi voz no dejó de causarme broncas hasta que empecé la transición, pues durante años siguió siendo la fuente de mi inseguridad.

Incluso cuando ya estaba en el Conservatorio me daba pena que de buenas a primeras me oyeran hablando como mujer. En ese tiempo me esforzaba mucho por ser hombre; gay, pero hombre. Durante años esa voz representó mi mayor dualidad: salía de mi pecho, de lo más profundo de mí, y denotaba mi verdadera esencia.

El origen de los problemas está en los prejuicios: si no exigiéramos que todo el mundo contara con sólo dos etiquetas —con lo que eso conlleva—, sería más simple que cualquiera, sin importar su aspecto, se sintiera bien con su cuerpo y sus características. Mi problema era la voz de mujer en un cuerpo de hombre, que en este caso implicaba la esencia femenina en una envoltura masculina. Con otras chicas trans pasa lo contrario: cuando ya tienen aspecto femenino, la voz las "delata", lo cual no debería ser un problema. ¿Qué tal si una mujer tiene voz de barítono? ¿Qué importa si tiene tetas, pene o las dos cosas? Eso no le quita lo mujer ni implica que se tenga que "arreglar"; como, a mí me querían "arreglar" la voz.

Aún nos cuesta mucho trabajo abrir nuestras mentecitas y entender que todos y todas tenemos el mismo derecho de vernos como queramos y de tener nuestra propia voz.

En el último año de la prepa mis papás me dijeron que necesitaba estudiar una licenciatura. Era el momento de tomar la decisión pues, aunque estaba en el área de Humanidades, todavía no elegía una carrera. Primero pensé en estudiar relaciones internacionales, por los viajes y los idiomas —se me hacía una carrera muy sofisticada—; luego vi que era necesario llevar economía, política y derecho, y yo no me sentía segura para encararlas, así que la descarté. Además, si en la prepa la vida era un infierno, no quería arriesgarme a que la universidad resultara peor. Mi otra opción era oceanografía, pero ésa sólo se estudia en Baja California y tampoco era una buena idea, porque estaría muy lejos.

Uno de esos días hubo un concierto en el templo de San Francisco, justo donde nos reuníamos los de la MCJ. Mi papá nos invitó a mi mamá y a mí porque cantaría el coro de Celaya. Así que fuimos, y cuando lo escuché supe que mi destino estaba sellado. Interpretó el *Miserere* de Allegri, y yo juraba que estaba escuchando a los mismísimos ángeles. En ese instante decidí que eso era lo que quería hacer con mi vida: cantar como el coro, cantar como los ángeles. Ese día empezó mi amor por la ópera.

Cuando hablé con mis papás, les dije que quería estudiar canto. Estaba convencido y, además de hacer algo que me gustaba muchísimo, aprovecharía mi voz. Ignorábamos cómo era la preparación de un cantante, por lo que me advirtieron que, si quería estudiar eso, primero me exigían terminar una licenciatura. Le dije a mi papá:

—Mañana mismo averiguo qué hay que hacer. No te preocupes: no voy a perder el año.

Me puse a investigar y resultó que era posible estudiarlo como una carrera: en la Universidad de Guanajuato tienen la licenciatura en música con especialidad en canto, y de hecho tendría que estudiar ópera. Ésa ha sido una de las mejores noticias de mi vida: si estudiaba lo que más me apasionaba en el mundo, cumpliría como hijo y tendría el apoyo de mi familia. Todo estaría bien. Sí, ajá.

Cuando regresé a casa, hablé con mis papás:

—Voy a estudiar una licenciatura en canto. Voy a ser cantante de ópera. Ya lo decidí.

Por fortuna estuvieron de acuerdo. Mi papá me dijo que, si era lo que deseaba, él me apoyaría con mi manutención. Quizá no pareciera mucho, pero era pagar el hospedaje —un cuarto en una pensión para estudiantes—, la comida, los pasajes para viajar cada fin de semana entre San Miguel y la ciudad de Guanajuato, y lo mínimo indispensable para vivir. Nunca fuimos ricos, y mi hermano mayor también estaba en la universidad. Al menos mi carrera no sería tan cara como otras, aunque de todas maneras representaba un gasto.

Al fin terminó la prepa y, con ésta, mi etapa escolar en San Miguel de Allende. En la ceremonia de graduación ofrecí un pequeño recital, donde canté el tema de la película *Titanic,* aquella canción emblemática que interpreta Céline Dion; la de "Sueña", que canta Luis Miguel, y otra de Laura Pausini, "Escucha a tu corazón". Todas quedaban bien por mi voz aguda. Como al menos la música es un lenguaje universal, aunque dos de ellas eran cantadas por mujeres nadie me dijo nada.

De plano no fui a la fiesta de graduación, y esta vez me dolió mucho más que la de la secundaria. Me quedé en casa llorando. Yo quería ser Rose, no Jack. Si me interesaba Leonardo DiCaprio era por guapo, no porque aspirara a ser como él.

Mi cuarto pintado de agua era el único espacio donde podía ser yo, aunque sólo fuera en mi cabeza. En esa época ya ni a escondidas me vestía de mujer. Tampoco fui a la fiesta porque no quería seguir metida en un traje de hombre, con moño y el pelo corto y relamido. Si no me dejaban llevar el pelo largo, menos podía sugerir que mi sueño era ponerme un vestido. Me imagino la cara de mi papá si se lo hubiera dicho.

Parecía que todo iba bien, sólo que, cuando ya estaba decidido que estudiaría canto en la Universidad de Guanajuato, mi mamá me dijo que debía hacer el servicio militar. Mi primera reacción fue negarme. Pensé que no importaba si no lo hacía, pero ella me advirtió que era necesario para titularme y conseguir un buen trabajo. Era 1998 y a mi hermano mayor le había tocado bola negra, así que era cosa del azar. La cuestión es que a mí me tocó bola blanca, que implicaba ir cada ocho días a marchar y a dar clases durante todo un año.

Para colmo, si iba a ser cantante necesitaría el pasaporte que me permitiera viajar, y para obtenerlo era indispensable liberar el servicio y tener la cartilla militar. Si me iba a estudiar sin cumplir con ese requisito, de todas maneras tendría que presentarme un año después sin ni siquiera ya entrar al sorteo, sino simplemente para ir a marchar y cumplir con lo que me exigieran. Total: lo hacía o lo hacía.

Llegué a la casa llorando. Mi mamá no entendía por qué me ponía tan mal por algo que le parecía de lo más normal, aunque a mí la sola idea me costaba muchísimo: no sabía a qué me enfrentaría y sentía terror. Nunca le había contado todo lo que me habían hecho en la secundaria y en la prepa. Ese día me puse a hacer tamales con ella y las dos acabamos llorando por el servicio militar.

Ella me ha dicho que no notaba ninguna afectación en mis modos. Yo pensaba que sí sabía, aunque no estuviera consciente. Cuando platiqué con ella acerca de mi cambio y le pregunté si nunca había sospechado o no se había dado cuenta de que yo no me comportaba igual que mis hermanos, respondió que no. Ni por aquí le pasaba que alguno de sus hijos fuera gay o nada fuera de la esfera de lo "común y corriente".

En aquel entonces lo más que se decía de uno que otro señor de San Miguel eran cosas como: "Es del otro bando" o "de manita caída". Yo ni bando tenía. En su mundo familiar, conservador y sin información, mi mamá jamás había pensado que uno de sus hijos pudiera ser "así". Lo único que le había llegado a parecer raro fue cuando me encontró maquillándome cuando era niño.

Hasta que entré al servicio militar mi mamá nunca se enteró de lo que yo hacía o no en la escuela; mucho menos iba a saber que me maltrataban y me agredían. Fue algo de lo que nunca hablamos. Jamás les dije a mis papás si alguien me gustaba ni ellos me preguntaban esas cosas. En temas como la sexualidad, la comunicación entre ellos y sus hijos era nula. Simplemente no se hablaba de eso en casa.

Cuando mi mamá notó mi crisis, le pareció extraño, pero no profundizó; tal vez negaba esa realidad. Es comprensible que sintiera miedo a que su hijo fuera diferente, a que sufriera o a que se convirtiera en lo que ella consideraba una mala persona. Ni ella ni mi papá querían afrontarlo y lo ignoraron.

Con lo del servicio militar exploté, pero no dije nada que le revelara la verdadera razón. Aunque ella me preguntó qué tenía, no me sentí en confianza de contarle, pues no quería preocuparla. Así que me compré mi playera blanca, mi gorra roja y me fui a marchar y a hacer el ridículo.

Como el servicio militar dura un año, me fui a estudiar a Guanajuato y cada fin de semana iba y venía entre las dos ciudades, que están a hora y media de camino, para ver a mi familia y cumplir cada sábado con el pinche requisito. El primer día fue un infierno, pues muchos de los chavos habían estado conmigo en la prepa y conocían mis apodos, cómo era yo, cómo me comportaba, que siempre me juntaba con las chavas y que en la escuela me decían "mamacito", "puto", "joto". Otra sorpresa desagradable fue que los instructores nos hablaban a los gritos, con puras groserías, y en mi casa no estábamos acostumbrados a eso. ¡Ninguno de mis papás decía groserías!, y nos educaron advirtiéndonos que esas palabras eran de mal gusto.

El servicio era en una preparatoria, un Cebetis. Con los militares, de una instrucción fuerte y temperamental, todo era altisonante y agresivo. Aquel primer día estábamos formados y el teniente —nada feo, por cierto— gritó:

—¡A ver, cabrones, ¿quién de aquí es mariquita?! —y muchos empezaron a señalarme a mí.

¡Ay!, yo sólo pensaba: "No, no. No puede ser que esto me esté pasando a mí. Trágame, tierra. Por eso no quería venir". Empecé a sudar frío. Quería desaparecer. Quería llorar e irme corriendo. Los chavos le señalaron dónde estaba y vi cómo se iba acercando. Fue un momento horrible. Al fin llegó frente a mí y se me quedó mirando. No sé qué habrá visto en mis ojos —terror o, ¿quién sabe?, dolor—, pues no me dijo nada. Se siguió y gritó:

—¡A ver, ya: vamos a hacer lo que vinimos a hacer!

Casi me suelto a llorar. Por suerte nada pasó, aunque todo el mundo se dio cuenta.

Entonces empezó a pasar lista. Todos teníamos que gritar: "¡Presente!", y yo con mi voz nada varonil, igualito que en la secundaria. Claro que no era tan menso, así que, cuando me tocó responder, lo hice con la voz impostada.

En general el servicio no resultó tan duro como pensé. Intentaba hacerme el fuerte y el macho. Trataba de imitar a mi hermano mayor, quien fue uno de mis pilares y mi modelo a seguir en cuanto a imagen masculina cuando quería parecer muy varonil o en situaciones que consideraba peligrosas. Por ejemplo, empezaba a caminar tratando de verme más hombre e impostaba la voz para que no me molestaran. Además, yo era parte de los maestros, y los asistentes a las clases, aunque más grandes, nos respetaban.

La instrucción empezaba todos los sábados a las siete de la mañana. ¡Odiaba levantarme temprano! De plano llegué a faltar una o dos veces porque no lograba despegarme de la cama. Poco a poco me fue gustando impartirles clases a los señores; como podía, trataba de ayudarlos, resolvía sus dudas y me esmeraba en que aprendieran algo. Ellos eran buena onda conmigo. Me decían "profe" y yo me ponía serio, en mi papel. En los exámenes algunos no pasaban, otros sí y unos más de plano no daban una. Yo tampoco podía aprobarlos si no sabían nada de nada.

Una vez llegó el teniente al salón, porque nos supervisaban, y se me quedó mirando mucho, mucho rato. Luego me preguntó:

—Y tú, ¿qué eres?

Me quedé de a seis. El pecho me empezó a brincar:

—¿Cómo que qué soy, mi teniente?

—Sí, ¿a qué te dedicas?

Ah, menos mal:

—Pues estoy estudiando para cantar ópera.

—Aaah, por eso tu voz es así.

—Sí, sí, así es. Es que canto ópera y necesito hacerlo muy agudo.

—¿Y cantas el *Ave María*?

—Sí.

—Bueno, pues adelante.

Me enamoré de él. Bueno, no tanto, aunque me llamó mucho la atención; pensé que había sido muy educado y se me hizo muy lindo. Yo me entusiasmaba por detalles mínimos, porque nadie me había hecho caso nunca ni se había fijado en mí, al menos los chicos, que eran los que me gustaban —alguna amiga llegó a preguntarme si no me gustaba una niña, pero eso no cuenta—. Entre el miedo y la admiración que sentía por algunos hombres, empezaron a despertarse cosas en mí.

En otra ocasión los militares se enojaron muchísimo porque había un montón de alumnos reprobados. El teniente no había ido y otro militar se quedó a cargo de todo. ¡Uy, nos puso una

60

arrastrada…! Literalmente: nos puso a arrastrarnos por el campo de futbol como soldados, pecho tierra, mientras nos gritaba:

—¡Ahora para acá, hijos de la chingada! ¡Mejor los hubieran abortado cuando nacieron!

Eran frases que nunca había escuchado en mi vida, y que alguien se dirigiera a mí con ese vocabulario me parecía muy violento. Luego nos hizo pasar por unos alambres de púas —supersalvaje y brusco para todos.

Durante esos meses me puse a ver la película *G.I. Jane,* con Demi Moore. La adoraba y pensaba: "Yo soy ella. Tengo que ser igual de fuerte que ella". Eso me inspiró mucho para terminar el servicio. Fue un año de ir cada sábado desde las siete de la mañana hasta las dos de la tarde: marchar, decir "¡presente!" y que todos voltearan. Cada vez pasaba lo mismo porque les llamaba la atención mi voz, aunque intentara disimularla o hacerla más grave.

Cuando me presentaba con mayor seguridad frente a mis alumnos, ellos notaban que trataba de escucharlos y de estar atento a sus problemas. Se dieron cuenta de que no tenía caso hacerme algo malo porque yo estaba haciendo algo bueno por ellos. Sólo les parecía raro que hablara tan agudo.

Quienes me trataron mal al principio fueron mis compañeros, sobre todo quienes sabían cómo era yo desde antes. Después empezaron a bajarle. Supongo que tuvo que ver el hecho de que ya éramos más grandes, aparte de que ya no les hacían eco. Al principio era "el putito de Humanidades en el servicio militar". Después nos separaron y me quedé con los chavos que nunca habían convivido conmigo. Ésa fue una ayuda que me cayó del cielo. El bullying se redujo porque los compañeros no me conocían ni me juzgaban. Sólo decían que era matadito:

—Les enseñas mucho. Si mis alumnos no quieren aprender, no los fuerzo.

Yo lo veía de otra forma:

—Pero tienen que aprender: para eso están aquí.

Durante ese periodo seguí yendo a la MCJ: los jueves, al grupo en Guanajuato, porque era el día en que daban misa, y los sábados en la tarde en San Miguel, después del servicio.

Durante los dos años que estuve en Guanajuato tuve un superamor platónico —en estos días lo llamarían un *crush*—, una fijación romántica muy fuerte con un muchacho que tendría unos veintidós o veinticuatro años y del que nunca supe ni cómo se llamaba. Todos los días se sentaba en las bancas afuera del lugar al que íbamos a misa. Enamoradísima, nunca lo olvidé, a pesar de que no lo conocí. No sé qué me pasó con él; me obsesioné a tal grado que lo espiaba: sabía qué hacía, por dónde iba, por dónde pasaba. Como Guanajuato es muy pequeño, lo veía todos los días, y conforme transcurría el tiempo me gustaba más y más. Incluso le tomaba fotos sin que se diera cuenta. ¡Qué obsesión la mía! ¡Qué asco ahora que lo cuento!

Una de las amigas más queridas con las que iba al grupo era Eva, originaria de Salvatierra, Guanajuato. Cuando le "confesé" que era gay, se puso a llorar mucho. No sé si yo le gustaba o si ella pensaba que estaba mal. Me dijo que nada cambiaría y que ella me seguiría queriendo. Le conté del chico de la banca. Para hablar en clave de él frente a los demás lo llamábamos Nadie:

—Oye, ¿y ya no has visto a Nadie?

—No, no he visto a Nadie.

El gran descubrimiento de llegar a Guanajuato fue que vivir solo —sola— resultó la mejor bendición que pude recibir. Llegué a una ciudad donde nadie me conocía y donde podía ser más yo, andar como quisiera y usar la ropa que se me antojara. No es que me transformara de manera radical, sino que fue muy bueno dejar de sentirme bajo observación permanente. Me ocurrió la clásica liberación de cuando uno sale del pueblo. Y eso que nada más me fui a Guanajuato.

Yo estaba en mi etapa de complacer al prójimo, darle gusto a mi familia —¡qué paradoja!—, y tenía muy presente que "debía ser un hombre". Me convencí de que debía resignarme y asumí que, para estar bien con el mundo, mi obligación era aceptar mi condición masculina.

Hoy todo eso es una nebulosa que a veces ni siquiera parece parte de mi pasado, pero lo fue. Durante años lo mantuve reprimido, y para no seguir así mi solución fue convertirme en lo que se suponía que debía ser un verdadero varón —¡nada que ver con el de Willie Colón!—. Empecé a vestirme y a comportarme como hombre —según yo—. Mi idea era que debía proyectar una imagen muy seria, así que sólo usaba camisas y pantalones de vestir. A mis dieciocho años era como un señorcito. Durante la adolescencia me habían repetido que yo no era mujer: "Tú no eres mujer. No eres y no eres". "Ah, ¿no soy mujer, no puedo hacer cosas de mujeres y no puedo integrarme a los grupos de mujeres? Pues entonces tendré que ser hombre". Intenté adaptarme y ser el que se suponía que debía haber sido siempre. ¡Qué risa y qué triste al mismo tiempo! Tanta energía gastada en fingir lo que no era y en forzarme a aceptar eso ajeno para mí pero que "debía" ser. Estaba resignado, y por lo tanto me obligaba a ser ese hombre.

Por otro lado, apenas llegué a la universidad también pensaba: "A ver, a mí me gustan los hombres y siempre me han gustado. Entonces ¿qué?".

Fue Alicia, una amiga pianista, quien me dijo "qué era". Supongo que se había dado cuenta, pero no me lo decía porque yo era muy retraído, muy inseguro, y eso provocaba que a veces la gente tuviera cuidado conmigo, como si al decirme las cosas de manera muy brusca me fuera a romper.

Ella me dijo que yo era "homosexual" y me enseñó el término.

Un día, platicando, me preguntó si ella me gustaba. Le respondí que no.

—Pero sí te gustan los hombres, ¿verdad?

Se me empezaron a salir las lágrimas:

—Sí, sí me gustan los hombres.

Fue la primera vez que lo admitía ante alguien, fuera del secreto de confesión. En cuanto me hizo la pregunta, lo verbalicé y me di cuenta de que hasta para eso había una etiqueta.

Alicia me dijo:

—Entonces eres homosexual.

Después, en el grupo católico, también se lo dije a una amiga. Entonces la que lloró mucho fue ella. Mucho. Creo que pensaba que me condenaría y me iría al infierno. Es chistoso, porque ella se hizo monja y no me ha visto como soy ahora. Quién sabe qué habrá sido de su vida.

Así encontré por primera vez una explicación para lo que me pasaba desde niño. El único detalle era que, si bastaba con aceptar esa etiqueta para que todo cobrara sentido, ¿por qué no me gustaba mi pene? Entendí que, si existían esas etiquetas —"homosexual", "gay", que al menos no parecían insultos como "puto" o "joto"—, entonces lo que yo tenía sí existía y había otra gente así. Tal vez alguien más habría experimentado alivio, pero yo me sentí muy mal por dos razones importantes: una, porque ser homosexual era malísimo, un pecado muy grande que iba contra la ley de Dios. Recordaba perfectamente que en la Biblia dice que está prohibido: "Si alguien se acuesta con varón, como se hace con mujer, ambos han cometido abominación: morirán sin remedio; su sangre caerá sobre ellos". De modo que mis deseos eran una abominación.

La otra razón fue que me di cuenta de que mi ruego, ese milagro que pedía cada noche —"Por favor, que cuando amanezca ya no esté eso ahí"—, no tendría oídos y nunca se haría posible. Si yo era "eso", entonces no era un error, y no podría transformarme de un día para otro. Fue como si se me hubiera quitado esa última esperanza, lo cual me provocaba muchísima angustia.

Llegó un momento en que pensé: "Yo estoy loca, o estoy loco. Tendrán que llevarme al manicomio porque estoy loco. Soy un hombre gay, pero no me siento un hombre gay y tampoco quiero serlo". Mi amiga Alicia se preocupaba mucho por mí y trataba de consolarme. Me decía que estaba bien, que era como muchos otros hombres y que no tenía nada de malo —aquí la progresista era ella, porque tenía razón, sólo que no conmigo—. Yo pensaba que, si todo estaba bien, entonces el que estaba mal era yo, porque no me sentía bien en absoluto. En realidad era un ligero error de cálculo, aunque eso no podía saberlo en ese momento.

No me consoló asumir una homosexualidad con calzador; más bien me dio desesperanza. Me gustara o no, al menos ya había una especie de camino a seguir, menos agreste que pasarme el tiempo en soledad y sintiéndome mal. Asumí que debía ser gay y traté de aceptarme como tal, lo cual representaba otro problema, porque estamos hablando de una cosa muy mal vista. Entonces vino otra adaptación: de ser un señorcito, pasé a ser un señorcito gay. Sin embargo, no quería que nadie se diera cuenta porque ¡qué vergüenza y qué barbaridad! Lo que no cambió fue que debía esconderlo, o al menos no podía vivirlo abiertamente. Por lo tanto, era mi deber mantener oculta mi condición —lo de siempre, pues: otro elemento más a la dualidad.

Con todo y esa carga, empezó una etapa más agradable para mí. Salí de la época de terror de la secundaria y la preparatoria. Cuando llegué a la escuela de música, se conjuntaron el universo o la vida o el cosmos y, ¡ah!, resultó que estaban los *castrati*, famosísimos y admirados en el mundo de la ópera, reconocidos históricamente a nivel mundial. Mi voz aguda era una virtud, no un defecto, así que llegué y todo mundo se admiró de *il castrato*.

Claro que no lo decían de manera literal ni lo era, pero es una manera de ponerlo, ya que para los maestros era "¡Guau, el contratenor!", y para mis compañeros dejó de ser aquello de "¡Mátenlo!", sino también "¡Oh, guau, qué talento!".

Ahora mi voz —que me había hecho pasar malos ratos, había querido esconder y hasta pena me daba— resultaba ser una virtud, un don, una gracia. Ya no me buleaban; al contrario, me di cuenta de que admiraban mi voz de contratenor. La música me colocó en un lugar privilegiado. Las cosas dieron un giro de ciento ochenta grados y empecé a sentirme feliz con lo que era y con lo que tenía. Al fin podía ser más yo.

Estaba bien, pero entre comillas. No vivía abiertamente el hecho de que fuera gay, y aunque de seguro todo mundo lo sabía, nunca decían nada. En el Conservatorio tampoco se hablaba de sexualidad abiertamente, mucho menos de la orientación sexual de nadie. Otra vez estaba en el terreno de esos-temas-de-los-que-no-se-habla. Y yo no podía apoyarme en nadie porque no había forma de hablar acerca de algo así. Según la sociedad, yo era inmoral, una mala persona y estaba muy mal. Para colmo, era supercatólico, así que ante los ojos de la Iglesia tampoco era, como quien dice, un ejemplo a seguir. Estaba en una situación muy difícil: si no me condenaba la religión, me condenaba la sociedad. No había un espacio para mí.

Había llegado a la MCJ a los dieciséis. Lo bueno fue que, como cantaba, nadie se metía conmigo ni me hacía bullying porque todos eran católicos, así que eran muy respetuosos. Más tarde, en la vida aprendí que ésa no es siempre la norma, aunque durante muchos años pensé que así eran todas las prácticas de todos los católicos. Además, apenas era adolescente y no sabía nada del mundo. Seguí creciendo y dejé de ir al grupo porque me fui a Guanajuato. En San Miguel había hecho votos de castidad porque pensaba: "Si es malo que me gusten los hombres, porque la Biblia así lo dice, entonces nunca me acostaré con otro hombre, aunque me gusten, porque no quiero morirme e irme al infierno". Ésa fue una razón poderosísima para mantenerme lejos de explorar con alguien mis deseos. Claro que los exploraba con la masturbación, lo cual también representaba un pecado, aunque menos grave.

Y, bueno, ahí me fui con mis votos a Guanajuato. Eso complicó muchísimo las cosas, porque disfrutaba mucho tocarme, sentía mucho placer cuando me masturbaba ¡y me encantaban los hombres: punto! Yo no había podido hacer lo más común y corriente, tener un noviecillo de manita sudada en la secundaria o en la prepa, un romance, ni siquiera el primer beso. No pude vivir eso de ir a una fiesta y coquetear con alguien o saber que le gustaba a alguien. Nunca supe qué era ir a un antro, ponerme hasta la madre y llegar a mi casa y que me regañaran porque me había puesto hasta la madre. Nunca hice nada de lo que había hecho mi hermano mayor y que, se suponía, hacía todo el mundo. Lo que hacía era portarme superbien, ñoñamente bien, con tal de no causar revuelo alrededor de mí. La idea era que, si hacía todo correctamente, pues me aceptarían y no tendría que dar cuentas de nada. No iban a examinarme ni a pensar que hacía las cosas de manera incorrecta; aunque sí las pensaba, pero nunca lo supo nadie.

Ésa fue mi vida: "Pórtate bien. Ve a la iglesia. Sé católico. Haz lo que está bien visto para que te aprueben. No importa si no es lo que tú quieres: haz lo que la gente espera de ti. Así te van a querer, nadie te va a agredir ni será violento contigo. Nadie te va a reclamar nada".

Llegar a una nueva ciudad, con una mentalidad así, convirtió el día a día en algo muy complicado. Por ejemplo, en la pensión donde renté un cuartito —la típica casa de estudiantes en que la renta incluía una comida diaria— había varios cuartos con otros huéspedes, por supuesto que todos varones y todos estudiantes como yo. Cuando salía, no sé, a comprar algo a la tienda o simplemente cuando esperaba mi turno para entrar a bañarme, veía a los otros chicos salir nada más con la toalla amarrada a la cintura, y sentía mucha inquietud, entre pena y atracción. Me moría de los nervios. No podía evitar mirarlos. Aunque trataba de disimular, creo que lo hacía con mucha intensidad. Y claro que ellos se daban cuenta. Luego me metía corriendo a mi cuarto porque no sabía qué más hacer. Ya estábamos en la universidad y me imagino que pensaban que mi comportamiento era totalmente ridículo.

Nunca hubo ninguna reacción cuando nos cruzábamos en el pasillo o nos veíamos de lejos. Una vez me aventaron debajo de la puerta una historieta de ésas tipo *El libro vaquero,* aunque porno, algo como *Sabrosa de noche* o quién sabe qué. Obviamente la leí, porque en esa época consumía muchísima pornografía. Era la dizque historia de una chava voluptuosísima que se bañaba. Ésos eran los dibujos: una mujer desnuda bañándose. No sé qué pensaban los chavos de la pensión o por qué lo hicieron; hasta ahora no entiendo qué buscaban, pero me pareció muy raro.

Era muy incómodo vivir ahí. Además, el chavo del cuarto de enfrente me encantaba. Yo llegaba de la escuela y corría a esconderme. Me encerraba en mi cuarto y trataba de no interactuar con nadie. Me la pasaba estudiando, y eso era lo bueno. Al menos la música sí era un gran refugio. La familia con la que vivía era muy buena onda y todos me trataban bien, entre otras cosas porque, para ellos, como estudiaba canto era un artista, y eso te da cierto estatus. Yo no me sentía artista ni con ningún estatus, pero tampoco me sentía en peligro y nunca nadie me faltó al respeto. El único episodio extraño fue ése de la historieta que quién sabe quién echó. Así que, en cierto modo, vivía con más tranquilidad, o cuando menos sin tanta zozobra.

En la escuela hice nuevos amigos. Me llevaba bien con mis compañeros. Los grupos eran muy chicos, como de quince personas, todos músicos, gente con talento y con cierta sensibilidad desarrollada. ¡Ya nadie me buleaba! Al contrario, había respeto y admiración entre todos. Así que en la escuela la pasaba mejor. Lo malo es que internamente la pasaba muy, muy mal, porque tenía demasiados conflictos con el catolicismo: "No eres buena. Es más, no eres bueno. No, sí eres buena, no haces nada malo. No eres buena, sí eres buena. No eres un buen ser humano. Sí lo soy. ¡No, porque soy homosexual!".

68

En cierto modo las cosas se pusieron peor porque ya vivía solo y podía hacer cosas con mayor libertad. Empecé a comprar más y más revistas porno. Me masturbaba muchísimo, y eso era un gran pecado. Hubo un tiempo en que iba a diario a confesarme para pedir perdón y absolución. Creo que se me notaba lo afeminado. Un día, cuando le dije a un sacerdote que me masturbaba, me preguntó:

—¿Y te gustan los penes grandes o los penes chicos?

Eso me dijo. ¿Qué clase de pregunta era ésa? Es muy violento que un supuesto guía espiritual te salga con eso. Ahí empecé a cuestionarme: "¿Por qué me confieso con alguien así?". La imagen que tengo de ese episodio es la de un cerdo, literalmente; un puerco con sotana, en el confesionario, preguntándome eso. Ni siquiera me había besado con nadie; menos iba a saber de penes. Hay gente muy capaz y muy espiritual, claro, pero ese sacerdote sí parecía un cerdo, de cara gorda y abotagado. Yo tenía como diecinueve años y fue un gran choque para mí. No le contesté nada. Me sentí muy mal. Yo necesitaba orientación y consuelo, no eso. Y, bueno, empecé a dejar de ir tanto a la iglesia y a confesarme. Ahí empezó mi alejamiento de la institución católica. Creía en un Dios de amor, pero ese encuentro no había tenido nada que ver con Dios.

Estuve en Guanajuato desde 1998 hasta una parte de 2001. Me la pasaba en la escuela o en mi cuarto. Como entraba en la tarde, podía dormir mucho. Me levantaba a estudiar o hacer la tarea. Comía en la casa, en alguna fondita cercana o en mi habitación —latas de atún, como buen estudihambre— y me iba a la universidad, que estaba en una casa colonial preciosa. Mi día transcurría estudiando, cantando, haciendo ejercicios y vocalizando. No iba ni al cine. O estaba encerrada —escondida— o practicando: ésa era mi vida.

Y en 2001 me cambié al DF.

Un mundo nuevo

Había venido a la ciudad de México con mi amiga Fabiola, que llevaba un año viviendo aquí. Ella había llegado de Salamanca y también estudiaba música. Me acuerdo que me dijo que me viniera para acá:

—¿Qué haces en Guanajuato? Mi maestra Eugenia te quiere conocer. Le he hablado mucho de ti y quiero que conozcas el DF para ver si te quieres venir a vivir y estudiar. Si te vienes para acá, puedes vivir con mi mamá y conmigo. Yo te apoyaría en todo. Estaríamos juntas. Y si entraras en el Conservatorio sería genial, porque te proyectarías mucho más que en Guanajuato. Allá no vamos a hacer nada ni tú ni yo.

Yo pensaba: "¿Cómo, irme a la Ciudad de México?". Y mis papás dijeron:

—¡¿Cómo, la Ciudad de México?! ¡No!

Pero llegué al DF y desde esa primera vez que vine a pasear y a conocer me enamoré de la ciudad.

Además, conocí a la maestra Eugenia Sutti. Ella es una reina. Me dijo lo que otros maestros en Guanajuato ya me habían dicho: que mi voz era muy especial y que me volvería un cantante muy cotizado; que tenía la posibilidad de hacer una carrera en el canto como contratenor y que ella haría todo lo posible para que fuera un cantante famoso a nivel mundial. Ella me vocalizó. Nunca me había escuchado a mí misma cantar así. Fue la primera vez que dije: "¡Guau, sí canto bien!". Ahí descubrí que en verdad podía cantar, que era capaz de hacer bien las cosas.

Me marcó mucho y me encantó escuchar las arias de ópera barrocas. Me enamoré completamente de esa música. Pensé: "¿Eso es lo que voy a cantar? ¡Guau! Sí quiero. Ésta es la vida que quiero: ser famoso, viajar por el mundo, cantar arias hermosas".

Cuando vivía en provincia llamaba mucho la atención, a pesar de que era menos evidente en Guanajuato. Eso de parecer tan afeminado, de caminar y hablar con modos de muchacha pues llamaba mucho la atención. Sentía que se me quedaban viendo. A lo mejor era mucho más mi propia sensación de rareza, pero me sentía bajo el microscopio, bajo la mirada de reprobación.

Esa vez que vine al DF, me quedé una semana entera y fue muy bonito, porque Fabiola me llevaba a todos lados. La pasamos muy bien y, sobre todo, nadie se me quedaba mirando. A nadie le llamaban la atención mis modos ni mis andares ni mi voz ni nada. Sentí tanta paz, tanta soltura. Era algo que nunca antes había vivido. Presentí que podía ser libre. Así que lo decidí: quise vivir en esta ciudad.

Muchas cosas decisivas de mi vida han llegado cuando menos las esperaba, y siempre he tomado las decisiones de golpe. Siento que es lo correcto y lo hago. Como cuando me llevaron al concierto de ópera y decidí que eso era lo que haría con mi vida.

Me regresé muy feliz a Guanajuato. Mis papás, estoy segura, temían que ésa fuera mi reacción. Creo que en algún momento también pensaron que no me gustaría, porque era una chica provinciana, de pueblo… Bueno, no: para ellos era un tímido chico provinciano que ni novia tenía. Y claro que soy una chica provinciana, y siempre lo seré, y me encanta, pero me enamoré de este lugar.

Llegué a San Miguel y, ¡pobres!, les di la noticia:

—Me voy a ir a estudiar al DF. Es lo mejor para mi carrera y en verdad me quiero ir para allá. ¿Me pueden apoyar o no?

Mi papá me dio la mejor respuesta:

—Si es lo que realmente quieres y los maestros te dijeron que sí, está bien, pero fíjate si puedes entrar al Conservatorio.

Me lo dijo porque al Conservatorio es superdifícil entrar. Curiosamente, huí de Guanajuato para encontrar paz en la Ciudad de México. La diversidad de esta ciudad es un oasis.

La despedida de la familia en la central de autobuses de San Miguel fue todo un dramón. Mi mamá lloraba muchísimo porque ya no me vería cada fin de semana. Hasta entonces la vida había sido más tranquila porque sabía que yo estaba cerca. Incluso después de terminar el dichoso servicio militar iba cada ocho días. Ahora todo estaba cambiando de manera radical. Por ejemplo, mi papá me apoyó y me dijo que podía seguirme dando para la renta, el transporte y para comer, pero tampoco podía desplazarme muy seguido entre México y San Miguel. Ya no sería lo mismo. Así que nos despedimos, yo con la emoción de llegar a una nueva vida, ahora mucho más nueva, y mi mamá con la idea de que me iba a pervertir. ¡Qué tal! Luego los dos pensaron que sí me pervertí y que por eso me había "vuelto mujer".

El caso es que llegué acá y casi, casi me fui de la terminal a la escuela. En ese entonces no existía un curso propedéutico ni nada. Había que sacar una ficha. Sacamos la mía en cuanto llegamos y me instalé. Me levanté de madrugada. Todavía estaba oscuro cuando llegamos. Entregan —o entregaban— las fichas y la gente hacía fila desde la noche anterior. Hasta se quedaban dormidos afuera de las rejas del Conservatorio —desde las dos o tres de la mañana—, porque daban un número limitado. Llegué con mi amigo Jorge —también de Yuriria— y nos dieron nuestra ficha. Nos separaron en grupos de cuatro, nos preguntaron a cuál área queríamos ir y nos pasaron a un salón para hacer una prueba de solfeo. Yo ya sabía solfeo gracias a los dos años que estudié en Guanajuato, y me fue muy bien en la prueba. De ahí me pasaron a la de canto. Para ésa Eugenia Sutti me vocalizó. Ya había ido con ella antes y me había dicho:

—Estás increíble. Cantas superbien. Ojalá puedas entrar. Nada más dependerá de tu prueba de solfeo, porque yo te voy a vocalizar y veré qué tan bueno puedes ser.

Me vocalizó, le canté algo de lo que interpretaba en Guanajuato —un aria— y me dijo que sí podía hacerlo. Hasta me felicitó y todo. Después de la prueba de solfeo y de canto ya nada más quedaba esperar.

Los resultados se publicaron un mes después en el periódico. Recuerdo perfecto que decía: "Admitidos en el Conservatorio Nacional de Música. Carrera: Canto". Y ahí estaba mi nombre: Saúl Martínez Bautista.

Era un sueño hecho realidad. Fue muy bonito porque nunca estuve sola. Mi amigo Jorge estuvo a mi lado durante todo el proceso. Ahí conocimos a otro chavo que se llama Jorge B. —otro Jorge—, quien sigue siendo un muy buen amigo mío. Él es de Yuriria, Guanajuato. Junto con Fabiola, los tres estudiábamos en el Conservatorio con Eugenia Sutti. La maestra nunca me cobró un peso por darme clases extra de canto: lo hizo porque tuvo confianza en mí y en mi talento y, claro, porque sabía que no me sería posible pagarle. Ella fue la que hizo que cantara de la manera en que lo hago. Me desarrolló muchísimo. Empecé a tener vibrato. Mi voz empezó a hacerse muy potente. Comencé a cantar muy fácilmente lo que antes, en Guanajuato, me costaba muchísimo trabajo.

La maestra se enfocaba mucho en la respiración. Nos decía que teníamos que hacer ejercicios todos los días en nuestra casa. Nos contaba que, por ejemplo, la gran soprano Montserrat Caballé hacía dos horas de ejercicios de respiración diarios. Por eso es una de las grandes cantantes en la historia de la ópera. Con Eugenia empecé a desarrollar la línea melódica, que es cuando uno canta para que todo se escuche muy musical, muy atractivo. Eso hace que, si alguien empieza a escuchar, quiera seguir hasta que termine la pieza, como si se quedara pegado; como cuando alguien se espera hasta que termine la historia que está viendo. Eso lo aprendí con ella. Lo de la interpretación ya lo traía, porque siempre fui muy dramática —desde mis dramas de infancia—. Siempre me gustó mucho interpretar lo que cantaba y montar las escenas.

Tampoco pensaba que debía cantar a la perfección, como una máquina; como la soprano surcoreana Sumi Jo, famosísima, que canta todo perfecto: cada nota está absolutamente afinada, cada nota es impecable, pero no resulta tan atractivo ni pasional, porque no hay emoción. No hay interpretación. Pasaba lo contrario con María Callas, la más famosa cantante de todos los tiempos: dicen que en el escenario se deshacía en las interpretaciones. Además de tener una voz magnífica, su interpretación era inigualable. Para mí eso es muy importante: tener buena interpretación.

Sutti nos enseñaba a abrir mucho la boca todo el tiempo, a relajar la mandíbula. En ocasiones me decía:

—No estás aaabriendooo laaa booocaaa. Te voy a poner un ladrillo en la mandíbula para ver si así te baja la boca.

Era muy cordial. Poca gente ha sido tan cariñosa y tan amorosa conmigo como Eugenia Sutti. Con los demás podía ser muy dura y muy estricta, pero a mí siempre me quiso mucho y yo a ella. Mis papás estaban tan agradecidos con la maestra, que mi papá le hizo una escultura de madera. Era un ángel como de metro y medio. Toda mi familia le agradecía mucho su apoyo y su ayuda hacia mí, y yo también, por supuesto: lo que hizo conmigo no hay forma de pagarlo. Recientemente se enteró de todo, de mi operación, de mi transición, y me escribió para decirme que está muy contenta de que finalmente sea feliz. Ella fue la que me hizo cantar así y por lo que todo el mundo se queda con un buen sabor de boca cuando me escucha. Así que, si a alguien le gusta como canto, se lo debemos a la gran Eugenia Sutti.

Mi examen de tercero fue el suceso del año en el Conservatorio. La verdad, si lo veo desde un punto de vista externo, Saúl fue un contratenor muy bueno; tenía una voz muy bonita, muy natural —claro, ahora sé que eso era porque en realidad era mujer—. En ese entonces estaba tan enfocado en mi carrera que durante una temporada medio hice a un lado todo lo que me pasaba internamente. Hasta me dejaba la barba. ¡Qué raro: yo con barba! Y eso que no conocía a Conchita Wurst.

Cuando recién entré al Conser, todo el tiempo estaba fingiendo la voz; la impostaba y hablaba supergrave. Pero era muy cansado, hasta que un día decidí que ya era suficiente y empecé a hablar con mi voz natural. Era aún más raro porque hablaba con la voz muy grave, pero cantaba muy agudo. Cuando al fin dejé de fingir y de hablar así, con la liberación de la voz vinieron muchas cosas. Como que todo se desató y me liberé en varios sentidos.

Al principio llegué hablando muy macho —según yo— y fingiendo que no era gay. Bueno, es que no era-era. Yo era un señorcito. Me había metido en mi papel de "soy un señorcito y no me gustan los hombres". Lo gracioso es que todo mundo pensaba que yo era gay, pero no sabía ¡o no me había dado cuenta! Por supuesto que lo sabía, pero no podía externarlo porque no me sentía a salvo. No en balde había estado seis años seguidos escuchando insultos y burlas. Estaba muy ciscado. Después de un tiempo empecé a ver que sí era seguro y que sí estaba a salvo, y les empecé a decir a mis amigas que sí era gay.

Bésame mucho

Unos años antes, aún en San Miguel, había mantenido correspondencia con un chavo de Campeche. La iniciamos porque yo leía los cómics de *Archie y sus amigos,* y al final venían contactos de gente: "Quiero hacer amigos, soy de tal parte". Empecé a escribirme con él por correo tradicional, en los apartados postales. Me gustaba porque me había enviado una foto. Yo tenía diecisiete años y eso era muy nuevo para mí, muy emocionante. "Me gusta, pero nunca se lo voy a decir", pensaba. También le mandaba mis fotos. Nunca nos dijimos nada de que nos gustáramos ni nada por el estilo. Todo el asunto era muy de clóset y también algo platónico. Un día dejé de recibir cartas. Yo tampoco le escribí. Como que perdimos el interés. Tiempo después llegué al DF y empecé a coquetear con los chicos de acá. En Guanajuato no tuve novio ni le hice ojitos a nadie ni nada parecido.

En realidad antes no tenía vida social. Vida familiar sí, pero hasta ahí. En la primaria iba a los cumpleaños de mis amiguitos y en la secundaria ya casi nunca salía; creo que sólo una vez fui al antro y nada más me quedé como dos horas, porque me sentía muy incómoda con las chicas y los chicos. Me salí y me regresé a mi casa llorando porque no sabía "qué era". No me interesaba bailar con ellas, y a ellos no les interesaba bailar conmigo. Así que me quedé apocado, en el rincón. Con semejantes experiencias, obviamente prefería quedarme en mi casa, así fuera mirando al vacío.

76

Es algo que no logro explicarme muy bien. Mi carácter cambió mucho en la secundaria, y cuando digo "mucho" es que cambió de manera radical. De niño era superalegre, con todo y que empezaba a tener cierta confusión porque estaba más o menos obligado a estar con los niños como mis iguales. Tenía buen carácter, cantaba con gusto, jugaba, reía. Pero en la adolescencia, después del cambio de escuela y de que me empezaron a bulear tanto, me fui apagando; me encerré en mi propia mente y se me quitó lo alegre, lo vivaracho y hasta dejé de cantar. Había veces en que me quedaba en la cocina sentado, mirando al vacío, sin comer ni hablar ni hacer la tarea ni nada. Mis papás no se daban tanta cuenta pues con cuatro hijos, una casa que atender y un trabajo no podían estar siempre pegados a todo lo que yo hacía. A veces mi mamá me preguntaba:

—¿Qué tanto piensas? —pero creo que no pensaba en nada. Como que me volví un poco gris.

Una vez que llegué acá, a "la gran ciudad", quería dejar de reprimirme. Por eso empecé a vivir la parte romántica —que no consideraba pecado— con chicos del Conservatorio, aunque seguía sin ir a fiestas ni hacía nada extremo —en público, claro, porque iba mucho a los cines porno—. Las fiestas no me llamaban tanto la atención porque no sabía bien qué hacía la gente allí. Todo lo extrovertido que era en la primaria lo enterré en la secundaria, en la prepa y durante la primera etapa del Conservatorio para evitar que se burlaran de mí. Venía escamada.

En cuanto a mis amigos, siempre les deberé mucho por su apoyo, su cariño y hasta porque me prestaron dinero en momentos cruciales. En esa primera etapa, ya en México, estaban Sara, a quien conocí en el primer año de solfeo; Jorge, quien ya venía conmigo desde Guanajuato; Raciel, un fagotista de las orquestas de Toluca y de Pachuca a quien conocí porque Jorge y yo estábamos en la clase de coro y ellos en la sección de los bajo. También a Alejandra, una violinista que es de mis mejores amigas.

Todos debíamos tomar clases de coro aunque no todos fuéramos a ser cantantes, al igual que yo tenía que tomar las detestables clases de piano aunque no fuera a ser pianista profesional.

Desde el principio todos en ese grupo de amigos nos empezamos a llevar muy bien. Empecé a convivir mucho con Alejandra, y Raciel empezó a convivir mucho con Jorge, quien era mi *roommate*. Por ejemplo, se fueron juntos a Colombia con el grupo de coro. Yo no pude porque no tenía dinero. Junté la mitad y el maestro me dijo que, si quería ir, necesitaba la otra mitad. Claro que tenía muchas ganas de ir a ese concierto, porque hubiera sido la primera vez que saldría del país. Como no pude conseguir el resto, me frustré mucho. Concluí que necesitaba ponerme a trabajar para conseguir más recursos. Para esto ya no vivía en casa de Fabiola, y luego de haber rentado en Tlaxpana, Tacuba y Legaria con Jorge, empezamos a buscar un lugar más tranquilo y nos fuimos a Azcapotzalco.

Raciel era un niñito de dieciséis años —nosotros somos como seis años mayores—. Todos los días iba y venía a clases desde Pachuca. Cuando nos íbamos a mudar, Jorge le preguntó:

—¿Por qué no te vienes a vivir con Saúl y conmigo? Estamos buscando un *roomie* para pagar menos renta en el depa.

Aceptó. Empezó a vivir con nosotros y me enamoré de él. Como ya sentía un poco más de seguridad y estaba resignado a ser un-buen-hombre-aunque-gay, incluso le dije que me parecía superguapo. Sin embargo, yo a él no le gustaba nada de nada, así que empezamos a ser amigos, casi como hermanitas de la caridad. Cuando me enteré de que él también era gay, le pregunté por qué yo no le gustaba. Su respuesta fue muy elocuente:

—Es que eres muy mujer.

Empezamos a convivir más de lo que convivía con Jorge, porque Raciel y yo sí éramos "del mismo bando". Me sentía más identificada que con Jorge y nos volvimos inseparables. Es uno de mis mejores amigos.

Lo mejor de haber entrado a estudiar música, desde que estuve en Guanajuato, era exactamente eso: estudiar. Pasaba todo el tiempo que podía en la Fonoteca. Empecé a conocer la música clásica; escuchaba las óperas y las arias; leía cuantos libros hablaran de historia de la música y biografías de los artistas más importantes. Eso siempre fue un gran sostén para mí, un refugio que era un remanso y cumplía muchas funciones en mi vida. Además de que me estaba preparando para ser cantante profesional, ocupaba mi tiempo en algo que me parecía muy útil y prometedor. Aunado a eso, cualquier cosa que no quisiera hacer o cualquier explicación que no quisiera dar la cubría con la clásica frase de: "No puedo, porque tengo que estudiar". Digo, no es que tuviera muchas invitaciones para socializar, aunque siempre estaba a la mano esa razón perfecta para esconderme del mundo.

Cuando empecé a vivir en el DF —ya sé que ahora se dice "CDMX", pero en mis recuerdos así se quedará por siempre—, mi especie de doble vida era más contrastante, pues cuando estaba en el Conser yo era Saúl el contratenor, el matadito o el ñoño que hasta podía estudiar y vocalizar ocho horas seguidas. Sin embargo, cuando no estaba en la escuela y nadie me veía, me escapaba del mundo normal y llevaba mis fantasías a otro nivel. Si bien estaba lejos de mi familia y en una ciudad ajena, no sentía la soledad. Además de encontrar buenos amigos, esa doble vida de contraste entre mis sentimientos y lo que pasaba afuera, en el mundo, resultó un factor importante. Estaba tan habituada a no decir nada de lo que pensaba o a no hablar de cómo me sentía que no necesitaba gente cerca de mí ni con la cual convivir. No sólo no había perdido confidentes o un espacio de expresión, porque antes tampoco los tenía, sino que incluso gané anonimato y soltura, algo que tampoco tenía y que anhelaba muchísimo. De modo que llegar a vivir aquí sola tampoco representó un choque cultural ni me provocó nostalgia por mi casa ni por mi patria chica. Y qué bueno.

Lo que sí quería experimentar era alguna interacción cercana, romántica, amorosa o yo qué sé. No pensaba nada en concreto, pero mi cuerpo me decía con claridad que no era saludable vivir de pura masturbación. El conflicto con mi parte muy creyente y religiosa continuaba, aunque tampoco es lo mismo tener diecisiete que veintiuno. Así que, ya instalada aquí, iba a lugares de renta de computadoras y, gracias al bendito internet, empecé a ponerme en contacto con hombres. Había una página que se llamaba El Chat —ni siquiera recuerdo cómo llegué a ella—. Igual estaba Hi5, y empecé a descubrir esas cosas. Me metía a las páginas a platicar con una identidad de mujer, pero cuando me pedían mi teléfono o algo personal me daba miedo y me desconectaba. Ya tenía celular, uno de esos Nokia —negro, clásico— que ahora parecen muy rudimentarios. Sobre todo usaba los mensajes de texto; como sea, no quería que nadie me ubicara fuera de los espacios virtuales.

Me había aficionado mucho a los cines porno. En León había uno, y había ido algunas veces cuando estudiaba en Guanajuato. En Celaya también llegué a ir. Me gustaba sentirme deseada, que alguien se me quedara mirando o se me insinuara sexualmente, aunque nunca pasara nada más. Ya en el DF, cuando supe dónde estaban, iba muchísimo, pero muchísimo, a veces cinco o seis veces por semana. Si tenía que estar en la escuela medio día, el otro medio día me la pasaba en el cine. Hubo temporadas en que estaba metido allí to-do-el-dí-a. ¿Y qué hacía? ¿Masturbarme en público, fajarme con alguien, vivir experiencias homoeróticas? No. No hacía nada: sólo miraba. Se me iba el tiempo en ver. Veía las películas, veía a los chavos y a los señores. Ellos sí tenían sexo en los asientos o en los baños. Era voyerista, sobre todo. Y no hacía nada con nadie porque me daba terror acercarme a alguien. Qué simple parece cuando lo digo: estar allí, con la mirada fija en la gente que iba a que la vieran, porque estaba permitido ver y no tocar, así como estaba permitido ver y acercarse.

Aunque estaba justo en el lugar apropiado para llevar mis deseos más allá de mi imaginación, en parte me quedaba al margen de la acción por puro y simple miedo. Claro que no había nada racional en mi comportamiento pero, a la par de la excitación de ver lo que veía, sentía mucho temor de que me agredieran o me pasara algo. Básicamente me daba pánico acercarme o que me tocaran. Seguía metido en mi papel de señorcito: pantalón de vestir y camisas, todo muy formal. Claro que, como a los cines porno va todo tipo de gente, no llamaba la atención por mi atuendo —menos mal—. Iba al cine de Tacuba. ¡Uy, la sala era muuuy bonita! ¡Cuánto glamur, cuánta elegancia! ¡Ja! Cuando llegaba, impostaba la voz para pedir la entrada. El boleto costaba como veintiocho pesos.

Había días en que me quedaba ocho horas. Si no pasaba ocho horas cantando en el Conservatorio —hasta me decían que se me iba a cansar la voz, porque cantar ocho horas es mucho—, pasaba esas ocho horas en el cine porno, mirando. Era una forma de balancear las dos cosas, las dos vidas. En ese entonces tenía cierta expectativa. Creo que siempre estaba esperando a que llegara alguien que en verdad me gustara. Y cuando llegó a pasar que un chavo me gustara, me complacía quedarme viendo lo que hacía, cómo tenía sexo con alguien. Algunos no hacían nada con nadie y sólo se masturbaban. Otros sí buscaban interacción, en los baños o en las butacas. Me gustaba observarlos.

Esto nunca se lo he dicho a nadie: a los veintiún años cumplidos nunca me había besado con nadie. Mi primer beso fue en un cine porno, con un desconocido.

Visité tooodos los cines porno. Lo que más me gustaba era ir al cine hetero. Había ido a los cines gay, pero no eran mis favoritos. Uno estaba en el centro, el Savoy, que tenía las dos modalidades: arriba era gay y abajo, hetero. Yo me metía al de abajo, aunque nadie me pelaba, porque no iban a verme a mí, sino a las chicas de la pantalla. En el de arriba sí se me quedaban mirando. Sentía que alguien, así fuera un completo desconocido, me deseaba, y esa sensación me gustaba mucho, porque en realidad no la había experimentado antes.

La sexualidad es algo natural. Parece que la sociedad tiene muchos problemas con expresarla, y más si no es la que aprueban, como si no pudiera haber muchísimas expresiones personales y muchísimas preferencias. Yo estaba muy reprimido porque llevaba años queriendo algo fuera de la norma y no me atrevía a hacer nada, en parte por miedo y porque mi cabecita escuchaba esa voz llena de fervor religioso que decía: "Lo que quieres está mal", pero también en parte porque no sabía cómo hacer realidad eso que quería. Cuando uno no vive su sexualidad y sólo la reprime o la esconde, se convierte en una olla exprés. Mi forma de desfogarme era la música —bueno, y me masturbaba tanto que casi creo que sí me la quería arrancar—, aunque por mucho que la Iglesia dijera que estaba mal y que hubiera crecido con la idea de que mis deseos eran una perversión, necesitaba sacar esa energía de algún modo: si no podía tener novio, no podía coquetear con nadie ni podía tener a nadie que me quisiera, entonces necesitaba hacer algo, aunque fuera a escondidas, y ésa fue mi manera de vivirlo.

El cine porno se convirtió en mi refugio. No tanto las películas, sino el cine como un lugar, un sitio real al que acudía, con todas sus características: la atmósfera, ese aire encerrado, caliente, secreto. Allí me sentía feliz, querida, deseada, como en ningún otro espacio. Encontrar a alguien que me gustara era muy difícil. Siempre he sido mamona, y para eso más. No me gusta cualquiera, la verdad. Aparte del miedo, estaba el hecho de que yo no me iba a andar besuqueando con cualquier señor que pasara por allí. Y en una de ésas llegó un chavo que me gustó mucho, se me quedó viendo un rato largo, con mucha intensidad, y se empezó a acercar a mí. Mi corazón latía con mucha fuerza. Me daba miedo porque no lo conocía, pero sobre todo experimentaba emoción. Había una nueva fuerza que me hacía sentir cómo me retumbaba el pecho. Conocía ciertas emociones que consideraba románticas, muy rosas e ingenuas, de cuando veía novelas, películas de amor y cosas así, pero nadie me había tocado jamás de manera erótica. ¡Había cantado en auditorios llenos y ni me había tomado de la mano con alguien! Aquello era novedoso y emocionante. Además de sentir ese enamoramiento como un flashazo, experimenté algo muy sexual, por el lugar donde estábamos. Él era moreno y tenía un cuerpazo. Creo que los hombres atléticos me gustan tanto porque crecí con un papá muy atlético, que nos inculcó mucho la importancia de hacer ejercicio y de cultivar el cuerpo —¿qué clase de fijación será ésa: edípica o de Electra?—. Se acercó a mí. Se estaba tocando y me besó. ¡Fue muy bonito! Una sensación increíble. Sólo nos dimos un beso, muy sensual y muy intenso. Él, pobre, esperaba más de mí, pero yo no pude tocarlo. No pude tocar sus genitales ni pasar al faje ni nada. Creo que no logré superar del todo el pánico, aunque él tampoco me impuso nada. Vio que no llegaríamos más allá y me dejó en paz. Me paré, me cambié de lugar y él no hizo nada por seguirme. Ni siquiera me salí del cine, un poco por el impacto de lo que acababa de vivir. Nunca supimos nuestros nombres. Él no sabe quién soy, pero ese desconocido fue mi primer encuentro romántico en la vida real.

Evidentemente me gustó lo que había pasado y quería más. Entonces seguí yendo y, ya más en confianza, tuve una etapa de besuqueo intenso. Me besaba con Juan de las Pitas; había un poco de contacto, caricias superficiales y era muy placentero. Claro, me seguía pareciendo pecado, aunque podía más mi impulso que mis creencias —o, para el caso, que mi ideología.

Esa etapa duró poco, porque dejé de ir a los cines porno cuando alguien del Conservatorio me empezó a gustar y vi que me correspondía. Esa emoción, también nueva y vertiginosa, fue sumamente importante. Esos romances adolescentes que nunca había vivido se sublimaron al fin en mi primer noviazgo. Mi dualidad era muy aguda en ese momento: por un lado era el contratenor con un futuro brillante y que cantaría en los grandes auditorios de todo el mundo —desde que estudiaba en Guanajuato mis profesores y yo alimentábamos esa idea—; por el otro, era un muchachito flaco, tímido y asustadizo que se iba a meter a la catedral de la masturbación para sacarse el pene y exhibirlo; el muchachito que se sacaba el pene erecto para que lo vieran, aunque no dejaba que lo tocaran ni tocaba a nadie. Dualidades, paradojas.

Lo más fuerte es que a mí no me gustaba que me tocaran porque odiaba mis genitales. No soportaba que me masturbaran. Quería besos, pero no contacto genital. De modo que, cuando iba, me sacaba el pene y era una especie de carnada. Lo exhibía para que me tomaran en cuenta, pero a la vez lo despreciaba. Un mecanismo muy complicado. En ese momento no lo pensaba así. Ha sido con el tiempo y con mayor distancia como me he dado cuenta de detalles similares. Hasta ahora que estoy contando mi historia no me había dado cuenta de muchas cosas que no reflexionaba tanto cuando las hacía.

Mi primer novio fue M. Su cara parecía salida de un comercial de bebé: gordito, moreno, cabello muy rizado, con unas pestañísimas que todos pensábamos que se las enchinaba. Cuando nos encontramos, yo estaba empezando a abrirme un poco más al mundo y pensaba en la posibilidad de que hubiera alguien para mí. Nos echábamos miraditas y le coqueteaba. En ese entonces ignoraba todo, pero resultó que tengo un gran componente de coquetería en mí. Él también me coqueteaba. Teníamos amigos en común en el Conservatorio, así que se nos facilitó entrar en contacto. Después de que nos empezamos a ver bonito, íbamos a caminar y a platicar por los jardines. Empecé a sentir las famosas mariposas en el estómago, o "bichos con alas", como les dice otro amigo. Fue la primera vez que sentí eso por alguien y con alguien, porque los demás chicos que toda la vida me habían gustado nunca me correspondieron. No había sentido esa alegría, ese encuentro de energías en el momento en que alguien cruza la mirada conmigo y sé que realmente le gusto. La verdad es que estaba muy contenta y disfruté muchísimo esa primera vez, que hubiera un gusto mutuo y un interés por ambas partes.

M también era cantante —bajo—, y en ese momento decía que era bisexual. Creo que nadie en el Conservatorio se asumía de manera abierta como gay —dicen que es el clóset de música más grande que hay en la ciudad—. Todo mundo sabe quién es gay, pero nadie se proclama. O al menos así era entonces.

Con todo y que mis papás me hicieron un drama porque me había venido a vivir hasta acá, yo estaba muy contenta en el DF y al fin tenía un espacio para empezar a vivir mi propia vida, sin necesidad de estar mirando por encima del hombro para ver si no me iban a juzgar o a "cachar" haciendo algo malo. ¿Y qué era lo que me moría por empezar a vivir? Evidentemente experiencias románticas, porque nunca las había tenido, porque nunca nadie me había hecho caso. M fue el primero que me hizo caso en la realidad.

Tras años de pensar que nadie me querría, sentir esa correspondencia y ese cariño fue una experiencia muy hermosa. Cuando M y yo nos conocimos y nos empezamos a coquetear, pensé: "¡Ah!, entonces ser gay no es tan malo como dicen y hay gente que sí lo admite; y si no es ser totalmente gay, al menos puedo admitir abiertamente que me gustan los hombres y las mujeres —por aquello de que nadie admitía abiertamente su homosexualidad, ¡qué bárbaros!—. Eso quiere decir que yo también puedo gustarle a él".

M me pidió que fuera su novio y le dije que sí: ¡claro que sí podíamos andar! No es que hubiera tanta apertura de nuestra parte. Esto también se mantuvo en secreto. Nadie lo sabía más allá de dos amigas mías. Ni siquiera lo admitíamos ante la gente del Conservatorio. Nos veían juntos y seguro que sospechaban, pero no éramos abiertamente una pareja. Nunca nos besamos ni nos tomamos de la mano delante de nadie conocido. Fue una etapa muy linda. Tuvimos un romance muy clásico.

Al principio mi vida se reducía a viajar en autobús a San Miguel con gente que no conocía, llegar a mi casa y encerrarme, así que con M empecé a conocer y a vivir lo que no había experimentado durante la adolescencia. Me la pasaba cantando, platicando con mis amigos o con M, echada en los grandes jardines del Conservatorio, cuando todavía se podía. Con él platicaba mucho o paseábamos, íbamos por un helado o me acompañaba a mi casa. Y nunca pasó nada más: apenas nos dimos unos besos.

Ahora bien, yo ya traía todo un bagaje en mi imaginario debido a las cosas que había visto en los cines porno y porque había vivido ese primer encuentro que, aunque se limitó a un beso, me confirmó que aquello que deseaba era posible. Sin embargo, con M no sentía esa llama. Me llevaba flores a mi casa, nos tomábamos de la mano, nos dábamos besos, pero fue un noviazgo muy rosa. Fue una adolescencia tardía para mí —la verdad no estoy segura de que ya hubiera salido por completo de la adolescencia, pero, bueno, para mi edad se suponía que sí—. Situaciones que no había vivido a los quince ni a los diecisiete las viví cinco o siete años después. Fuimos los clásicos novios de manita sudada.

Fue muy lindo, pero nada más duramos un mes, porque yo lo terminé. En el Conservatorio empezaron a correr rumores de que me engañaba con alguien, con un maestro, aunque no fue por eso que terminamos. Se debió a varias cosas. Por ejemplo, yo seguía viviendo bajo las reglas del catolicismo y M leía el Tarot. La ironía era que yo, un chico, tenía novio —algo malo y prohibido—, pero no podía permitir que ese novio leyera el Tarot porque iba en contra de la Iglesia. Además era un poco demandante, muy necesitado de estar todo el tiempo conmigo, pegado a mí. Eso no me gustó. La verdad es que me ahogaba y, pues ya, lo corté después de un mes. Nunca tuvimos ni siquiera un faje. Creo que hice bien, pues hasta una amiga mía me dijo algo que yo también pensaba:

—¿Cómo vas a andar con alguien que no te gusta?

En cierto modo sí me gustaba, pero no tanto. Yo ya tenía mucha información y había visto muchas cosas. Algunas me atraían y otras no. En todo eso del porno hay muchísima basura, obviamente, pero en cierto modo mirar tanta basura resultó útil, porque al menos me dejó claro que no me identificaba con los chavos, sino con las chavas. El porno gay nunca me gustó, sobre todo porque no me entusiasmaba la idea del sexo entre dos hombres —no podía identificarme con ninguno—; en cambio, en el porno hetero yo siempre quería ser la chava. Aunque M no podía saber nada de esto y yo tampoco lo pensaba con claridad, en el fondo no hubo nada con él más que besos porque yo no quería, y eso era un poco raro: aunque sí sabía qué me habría gustado, todavía no me atrevía a tener nada en la realidad.

Parte del problema fue que con M no me sentía "querida", sino "querido", y eso no me prendía tanto. Era muy bonito saber que le gustaba a alguien después de haber vivido toda mi primera juventud enamorada en silencio de distintos chicos, verlos de lejos y llorar en secreto toda la noche, escuchar canciones de amor y pensar en ellos y sufrir, o quedarme en mi casa llorando cada 14 de febrero porque no iba a salir con nadie, porque sabía que eran amores imposibles que sólo estaban en mi fantasía y que no podía externar ni transmitir. Así que al fin vivir eso de tener un novio o salir en una cita romántica fue increíble. Sin embargo, yo quería otra cosa; quería más, aunque no con M. Eso sí, ¡besaba muy bien! Vivir pequeñas cosas, como andar de la mano en el Metro —algo muy nuevo para mí—, también me causaban emoción y me enseñaron aspectos de la vida real. Fue un noviazgo breve pero importante.

A él le dolió mucho que lo cortara. Se puso supertriste, anduvo deprimido todo un mes y sus amigas se enojaron mucho conmigo. Decían que me querían golpear y no sé cuánto. Pero yo ya no lo quería. Me duró muy poco el gusto del primer amor. Ni siquiera me acuerdo de que hayamos tenido una canción "nuestra", como cuando uno se enamora de alguien y por una razón o por otra deciden que "ésta será nuestra canción". Ni a eso llegamos.

Años después él supo de mi transición y me dijo que estaba muy contento de haberme conocido alguna vez y de haber tenido el placer de enamorar a alguien como yo. Ahora él es defensor de los derechos humanos; lo admiro y lo recuerdo con mucho cariño. Y aunque esa vivencia llegó bastante tarde, al menos yo estaba más maduro para saber qué quería y qué no. Por eso, después de un mes, tuve la certeza de que ese noviazgo no era para mí.

Empezaba a vivir un poco mi sexualidad, muy despacio, con mucha timidez, y me asumía como gay porque me habían dicho que, si me gustaban los hombres, ésa era mi etiqueta. El problema era que, aun teniendo a esos novios, yo no quería ser un hombre gay: quería ser una mujer, pero es muy difícil articular algo que se desconoce. Ya estaba en el camino de cambiar, pero ni siquiera tenía clara la meta. "Eres hombre y te gustan los hombres; por lo tanto, eres esto. Ten tu cartelito y métete en esa cajita": no sé por qué tenemos que ponerle etiquetas a todo y centrarnos en las diferencias, cuando todos somos humanos y todos vivimos la sexualidad de maneras diversas. Es como los cines porno: se supone que los hay donde pasan porno gay y deberían ir sólo gays —hombres, en su mayoría—, y donde pasan porno supuestamente hetero cuyos asistentes tendrían que ser sólo heterosexuales, si bien en realidad van un montón de gays y gente que se asume como bisexual, así como hombres teniendo sexo entre sí o masturbándose mientras ven a los hombres teniendo sexo. A lo mejor ni siquiera les interesa tanto lo que pasa en la pantalla, sino el espacio que se crea, en el que pueden manifestar su sexualidad con libertad.

Cuando terminó lo de M, entraba a internet con mayor frecuencia. De alguna manera me había enterado de que así se podía tener novio o conocer chicos. Había un grupo en un chat de gays donde empecé a platicar con uno, JL. Digamos que tuvimos una breve relación a distancia y sólo nos vimos dos veces. Duramos unas tres o cuatro semanas. De hecho, cuando terminamos, bueno… ni siquiera lo hicimos en persona. ¿Por qué duró tan poco y por qué terminó de esa manera? ¡Porque él vivía en Ixtapan de la Sal!

Yo compartía cuarto con Jorge G., y Fabiola se quedaba con su mamá en la otra habitación. Vivíamos en la colonia Tlaxpana, atrás de la Santa Julia, de donde era el famoso Tigre —a un lado de Marina Nacional y Circuito Interior, donde está la CFE—. Ése fue el primer lugar a donde llegué a vivir en el DF, en un departamento que estaba en el tercer piso.

Una vez JL me fue a visitar y se quedó conmigo, en la cama de Jorge. Claro que a Fabiola y a su mamá les dije que era un amigo que se había venido a quedar unos días, nada más. El caso es que JL llegó, estuvimos juntos todo el día y, ya a la hora de dormir, él quería que tuviéramos relaciones —qué obvio se ve ahora, pero en ese momento no lo era para mí—. Le dije que no porque tenía votos de castidad y él como que no me creyó; a lo mejor pensó que me hacía del rogar o que formaba parte de un juego. De verdad no quería tener sexo con él; no era que no lo deseara, claro, pero aún respetaba mis votos de virginidad y estaba en la etapa de reacomodo. No me sentía bastante a gusto ni se me ocurría que hubiera que tener relaciones así, a la de ya. De pronto me salía lo prudente o lo mojigata, quién sabe. Entonces JL puso de pretexto que hacía mucho calor y me preguntó si podía dormir sin ropa. Le dije que sí. Ni siquiera me di cuenta de que intentaba seducirme y hacerme caer en la tentación de su cuerpo. Cuando se acostó en la cama de mi amigo y yo en la mía, empezó a creerme y me preguntó:

—¿No te vas a quedar conmigo?

—No, ya te dije por qué.

Se enojó, se volteó y, cuando lo hizo, ¡ay!, vi la espalda más bella que había visto hasta entonces. Tenía los hombros muy anchos y la cinturita delgada. Lo pensé mucho: "¿De verdad tengo votos de virginidad? Pues sí, por eso son votos: no puedo romperlos por una cinturita".

Me volteé y me quedé dormida. Ese día nos habíamos dado de besos y ya. Nunca llegamos a más. Por supuesto, no duramos más de un mes. Después de esa noche él se fue y vio que nunca podría hacer nada conmigo. Por eso me dijo que mejor termináramos y me puse muy triste. No podía tener sexo, y con todo mundo me pasaría lo mismo: que me cortaran por no ceder. Pues ni modo, era mi compromiso espiritual. Tampoco me caló tanto porque sólo lo había visto dos veces. Hace poco me estuvo buscando por Facebook. No me molestaba, pero sí era muy incisivo: "¿Te acuerdas? ¿Te acuerdas de que anduvimos?". Hasta me mandó una foto donde tiene una cruz que yo le regalé. Aunque muy breve, la experiencia también fue importante.

Si no hay sexo, no hay noviazgo. Así seguí durante un tiempo más, chateando con desconocidos. Poco a poco me iba abriendo más. Empecé a ir con Raciel a bailar. Conocí los antros gays de la Zona Rosa y del centro. Poco a poco se me quitó la pinta de señorcito. Ahora usaba playeras *slim fit* y jeans ajustados —resulté muy jotis, por obvias razones—, excepto cuando me subía a cantar a los micros: ahí me ponía ropa aguada y una sudadera con capucha —ésas las usaba desde adolescente, porque imaginaba que era mi pelo largo.

Cuando llevaba más de dos años en el Conser, la cosa se empezó a complicar y tuve que buscar la forma de conseguir dinero por mi cuenta. Desde que me había ido a estudiar a Guanajuato mi papá me daba dinero cada semana para pagar la renta y vivir. Yo compraba latas de atún y, cuando no comía en la pensión, lo hacía en las cocinas económicas de Guanajuato, que eran muy ricas. Al llegar al DF la dinámica era muy parecida. Con el dinero de mi papá comía lo más barato que encontraba. A veces hacíamos un poco de súper y Jorge cocinaba, porque él sí sabe hacerlo; yo no, nunca me ha gustado; lo he hecho como cuatro veces en mi vida, y si me dan ganas de meterme a la cocina es sólo porque estoy muy enamorada.

El caso es que mi papá también me dio el dinero para venir a la Ciudad de México y sobrevivir acá: comer, pagar la renta y los transportes. En ese momento mis dos hermanos más chicos estaban por entrar a la universidad, y se me hacía mala onda que yo ya hubiera estado dos años en Guanajuato, dos más en el DF y, en lugar de estar en el cuarto año de una licenciatura normal, estuviera a la mitad de una carrera que duraba casi el doble. Luego de pensarlo un poco, le dije a mi papá:

—Si quieres, deja de mandarme dinero. Yo ya trabajo. Así puedes enfocarte en Daniel y Omar. Si algún día necesito, te pido a ver si puedes ayudarme con algo.

Se lo dije para que no se preocupara. Mi papá no me había dicho nada porque siempre ha sido muy formal y para él era importante cumplir con sus obligaciones. Sin embargo, cuando le dije que ya no me diera dinero igual que antes, aceptó. No era cierto que yo ya tuviera un medio real para mantenerme, pero tampoco se me hacía onda seguir pidiendo. Le inventé que tenía un trabajo, que había empezado a cantar. Así que, por ahí de 2003, me puse a ver qué hacer para sacar lana.

Al principio llegamos a un departamento en la colonia Torre Blanca. Era muy oscuro y lo detestaba. En la entrada había una sala-comedor con una especie de bodeguita, una recámara, el baño y la cocina. Jorge se quedaba en la recámara porque él pagaba más y mis cosas estaban en la sala-comedor. Claro que no teníamos muebles. Después él llevó un sillón y lo puso afuera de su cuarto. Teníamos cortinas para separar las estancias. En ese departamento fue donde M y yo pasamos nuestro breve y casto romance.

Como no tenía trabajo, me salía a cantar a los microbuses. Me subía y la gente se me quedaba mirando: veían a un chico que cantaba como mujer. Después me ponía una gorra y una sudadera muy grande con capucha, porque no quería que se rieran de mí; me disfrazaba así para que la gente no viera mi cara y no supiera si era hombre o mujer.

Al principio ganaba como diez pesos en dos microbuses, muy poquito. La gente se sacaba de onda porque además empecé cantando el *Ave María* y arias de ópera; luego se me hizo raro y noté que los demás no cantaban ópera ni nada de eso. Empecé a cantar cosas de Rocío Durcal, "La gata bajo la lluvia" y ese tipo de canciones. Poco a poco le agarré mejor la onda y fui más suelta y segura, así que la gente empezó a cooperar más. Creo que les gustaba cómo cantaba. De todos modos no ganaba mucho y siempre estaba buscando dónde más podía obtener dinero. No iba diario a cantar en los microbuses, sólo cuando de plano no tenía ni un quinto, y aunque sea sacaba para comprar agua. Otras veces Jorge me prestaba dinero; también mis amigas Sara y Fabiola, quienes siempre me ayudaron muchísimo.

Luego, por suerte, conocí a Jacob, un barítono que también iba con Eugenia Sutti. Él era muy emprendedor, formó una orquesta con amigos que conocía de varias escuelas y nos invitó a cantar a Jorge, Fabiola, Sara y a mí. Obviamente nos pagaba. Fue la primera vez que tuve un trabajo formal como cantante. A mí empezó a pagarme más por cantar en las misas. Durante mi primera etapa en el Conservatorio me clavé muchísimo con la música barroca, y para ese entonces, después de integrarnos al proyecto de Jacob, Jorge y Sara hicieron la audición para entrar al Coro de la Marina, así que me les uní.

Fui a hacer la audición. Aunque el director del coro se portó muy buena onda conmigo, yo tenía mucho miedo del curso que necesitaba hacer. El director me dijo:

—Cantas muy bien. ¡Qué padre! Pero vamos a ver cómo le hacemos para que no hagas el Cabam —ése era el curso de adiestramiento básico, lo cual suponía estar con mil marinos con enseñanza militar.

Me dio terror. Pensé que no podría. No quería pasar por otro servicio militar o algo peor. Por eso decidí no trabajar ahí, aunque la paga fuera muy buena. Luego me di cuenta de que también me había negado porque no quería perder mi libertad. Desde siempre he valorado mucho mi libertad como ser humano, y me parecía que ese entorno desconocido resultaría demasiado estresante para mí.

Jacob me invitó a cantar todos los fines semana a una iglesia que se llama La Aparecida de Brasil, al lado de la delegación Venustiano Carranza, por Lorenzo Boturini. Empecé a ganar dinero y eso me gustó. También me gustaba todo lo que tenía que cantar. Me aprendí muchas canciones de la Iglesia. Empecé a ver cómo se toca el órgano y a cantar con la orquesta, que se llamaba Videns Dominus y sonaba muy bien. Todos proveníamos de diferentes escuelas de música. Disfrutaba los conciertos navideños y estaba muy a gusto trabajando en equipo, haciendo música. En esa época me sentía muy feliz de hacer y vivir las veinticuatro horas del día aquello que amaba hacer, que era cantar. Era 2005. En ese año conocí a David.

Desde que nos hicimos buenos amigos, Raciel y yo salíamos mucho. Los dos vivimos muchas aventuras. Por ejemplo, nos encantaba ir a bailar a un antro llamado el Cabaretito. Éramos muy sanos y no tomábamos nada, porque habíamos escuchado que no era buena idea beber en esos lugares: las bebidas podían estar adulteradas. Cuando íbamos, llegábamos como a las diez u once de la noche, para alcanzar el Metro, y nos quedábamos bailando hasta las cuatro o cinco de la madrugada porque, además de ser un antro gay, el Cabaretito era también *after,* de modo que no cerraba a la una ni a las tres, como otros lugares.

Fue una etapa muy padre. Tanto Raciel como yo empezábamos a descubrir una parte de la dinámica gay de la ciudad. Veíamos a los chicos y nos empezaba a gustar uno u otro. Nos emocionábamos. La nuestra era una convivencia muy sencilla. En verdad íbamos a bailar. No tomábamos alcohol ni fumábamos, y menos si fumar arruina la garganta —creo que la ñoñería ha sido siempre un pilar en mi vida—. Mientras Jorge estuvo con nosotros en el depa, los tres convivimos de maravilla.

Nos empezábamos a juntar mucho en pequeños grupos. Por ejemplo, con Karla, que era con quien yo iba a cantar a la iglesia de Polanco —allí sucedió una historia tremenda, que contaré más adelante—; con Sara, una amiga que, al saber que iba a hacer la transición, me dijo:

—Está muy bien que lo hagas. Ahora serás mi hermanita".

También con Alejandra, la violinista, Raciel y yo. Entre todos hacíamos fiestas en nuestro departamento e invitábamos a más chavas y chavos con los que nos llevamos bien. Jorge empezó a andar con Sara y duraron muchos años, aunque luego todo terminó muy mal en esa historia.

Fueron muy buenos tiempos. Yo ya me había liberado totalmente. Justo en esa época conocí a otro buen amigo, Ch, quien era escritor y estaba en la Sogem. Él había vivido una historia muy complicada. Lo conocí saliendo del Metro, coqueteamos, platicamos mucho, y finalmente no pasó nada porque a mí no me gustaba.

Lo que sí aprendí fue que, si alguien me gusta y no sucede nada entre nosotros, de todos modos me sigue gustando su manera de ser, como con Raciel: me gustaba por guapo, pero sobre todo nos hicimos amigos porque conectamos; la conexión que puede surgir con alguien se debe más a su manera de ser que por cómo se ve. Una de mis amigas me ha dicho:

—A ti te gusta adoptar gente para hacerla parte de tu familia.

Para mí ellos son mis mejores amigos, junto con David, que es una historia aparte. Todos mis mejores amigos se quedaron, excepto Norma y Fabiola, quienes se alejaron un tiempo y luego retomamos la amistad.

Siempre he sabido que mis amigos son parte fundamental de mi vida. Es muy importante tener gente que estará cerca de manera incondicional, pues aun cuando la propia familia nos llegue a dar la espalda, ellos eligen quedarse y su apoyo y solidaridad siempre estarán ahí. He salido adelante gracias a ellos: son mi sostén, mi columna. Si no me hubieran apoyado tanto y en tantos aspectos, no sé dónde estaría hoy.

Entre las aventuras que vivimos en esos años del Conser, Fabiola empezó a andar con un chico de allí que se llamaba José Manuel Chu, un tenor muy famoso. Él empezó a ir mucho al departamento y Jorge y yo nos empezamos a hartar. Incluso se mudó con nosotros. Después llegó su mamá y también se quedó con nosotros. Al principio pensamos que serían unos días, mientras encontraba un espacio propio, pero se quedó mucho tiempo, mucho. Después llegó Lalo, un amigo que se había quedado sin casa. Yo le dije que se podía ir al depa y luego resultó que también se quedó demasiado tiempo.

Llegamos a ser hasta siete personas en ese espacio. El comedor se convirtió en habitación; la sala se convirtió en otra habitación. Al principio fue divertido, porque todos nuestros mejores amigos de entonces, Karla Avendaño, Gina Lavín, Lalo, Mauricio, Sara, Ale, todos convivíamos y hacíamos fiestas. Como todos éramos del Conservatorio y éramos cantantes, teníamos intereses muy afines. Al principio la pasábamos muy bien. Sin embargo, con tanta multitud, un día Jorge y yo dijimos: *This is too much*, de modo que mejor buscamos otro espacio y nos salimos.

Por entonces Fabiola ganó el primer lugar de canto en el Conservatorio. Un año después lo gané yo y Jorge obtuvo el tercer lugar. Éramos buenos los del contingente guanajuatense. Nos fue muy bien allí y todos logramos buenas cosas. Y eso que yo al principio me la pasaba como enclaustrada —hasta que llegó M—. Con todo y mis visitas secretas a los cines, estudiaba incluso más que en Guanajuato. Muchas veces llegaba a la escuela a las diez de la mañana y, si no tenía clases, cantaba ocho horas seguidas arias de ópera. Ocho horas de canto: nadie aguantaba eso. Trabajaba muchísimo en mi voz y en mi carrera. Estaba dedicada por completo al Conservatorio. Llegué a sacar dieces en todos mis exámenes de canto, armonía y solfeo. En lo único que nunca fui buena era tocando piano. Mis clases eran una tortura. Pasé todo un drama con la maestra Coatlicue por lo mismo, además de que a final de año tenía que dar un recital público como pianista. Nunca lo había hecho, pero era uno de los requisitos. Y eso que en mi infancia, en San Miguel, me habían pagado clases particulares.

Tenía ocho años cuando mis papás me inscribieron en el Centro Cultural El Nigromante a clases de piano —junto con las de canto— con Marta García Renart, una pianista mundialmente conocida. Sin embargo, yo me iba de pinta. Me llevaban, me dejaban en la entrada, subía las escaleras y, antes de llegar al salón, me regresaba. Me metía al baño, me quedaba allí todo el tiempo que duraba la clase, salía y, cuando llegaban por mí, ya estaba en la puerta. Debo de haber asistido sólo una o dos veces. Mis papás no se dieron cuenta hasta que los llamaron de la dirección del centro cultural y les preguntaron si su hijito estaba considerado para el próximo año, porque no me había aparecido por allí. Entonces mi papá me dejó las piernas todas rojas por los cinturonazos que me dio.

El caso es que, cuando tuve que ofrecer el famoso recital en el Conservatorio, avancé lo más que pude y me presenté a tocar el piano en público. Lo sufrí muchísimo. Aunque la música es mi amor total, ésa fue de las peores experiencias de mi vida. Odié tocar frente al público sin cantar —tocar piano y cantar mis propias composiciones es muy distinto—. Ese día toqué todo mal y me equivoqué muchas veces; no dejaba de poner el pedal y el sonido se escuchaba embarrado. En el piano, el pedal es para alargar las notas, pero yo lo dejaba como mil notas y se oía como el eco de la cueva de las maravillas: horroroso. Hasta eso Coatlicue me puso una buena calificación, porque notó que había hecho mi mejor esfuerzo.

De vuelta a la historia del departamento y su sobrepoblación, una vez que llegamos a ese *too much,* Jorge y yo empezamos a buscar casa. Acabamos mudándonos a un departamento cerca del metro Tacuba. Parecía que no estaba tan mal: habíamos visto arbolitos y una calle agradable, sin mucha gente. Un departamento más o menos bien. Jamás nos imaginamos lo que pasaría ahí. Lo único que sabíamos era que no debíamos meternos a Tepito ni a Iztapalapa, porque eso nos habían dicho. Qué curioso que años después me fui a meter a Tepito y a Iztapalapa, porque tengo amigos ahí, y nunca pasó nada, mientras que en Tacuba sí.

El departamento tenía una barra, cocina, zotehuela, dos recámaras y un pasillo que daba a mi cuarto y al de él. Todo parecía bien y nuestra prioridad era: "Mientras aguante un temblor, no pasa nada". Los dos veníamos con miedo porque la Ciudad de México en provincia es famosa por dos cosas: asaltan mucho y tiembla mucho. Por ejemplo, en 2001, en el departamento de Fabiola, nos agarraron dos temblores muy fuertes. En el primero yo estaba en mi cama y Jorge planchaba. Nunca he visto completa la película de *El exorcista,* pero creo que eso que sentí fue como lo que debió de sentir la niña: la cama empezó a sacudirse con mucha fuerza, noté el movimiento y le grité a Jorge:

—¡Está temblando!

Él hizo lo más ilógico del mundo: dejó la plancha y se dirigió al teléfono ¡para hablar a su casa en Yuriria y decirles que estaba temblando!

Le grité:

—Jorge, ¿qué estás haciendo? ¡Está temblando, tenemos que salir del edificio!

Fabiola y su mamá estaban en la sala y se habían levantado de inmediato. Cuando contestaron en Yuriria, Jorge dijo:

—¿Qué crees? Está temblando.

Y le respondieron:

—¿Y qué haces ahí? ¡Salte!

Las tres ya estábamos en la puerta y todos los vecinos iban para abajo. Luego me enteré de que se había sentido más fuerte de lo que era en realidad, porque el edificio estaba construido sobre balines para que no se cayera. Por eso, cuando temblaba, se movía completo.

Con Jorge me pasaban muchas cosas, muy distintas de las que viví con Raciel. Jorge es superchistoso. Una noche, por ejemplo, en que él estaba enfermo de tos, ya nos habíamos dormido y se le empezaron a cerrar las vías respiratorias. Yo estaba en el quinto sueño cuando de repente siento que alguien me levanta en vilo. Era él. Me hacía señas para que le pegara porque se estaba ahogando. Me le trepé en la espalda y le empecé a pegar con todas mis fuerzas para que se le abrieran las vías respiratorias. No sé si lo golpeé tan fuerte debido al coraje por haberme despertado o si se debió al puro susto y la emergencia. Al fin tosió y logró respirar.

Meses después también estaba plácidamente dormida cuando escuché un grito fortísimo. Sonó de una manera casi sobrenatural. Me desperté muy espantada y ni siquiera me pude mover para ver de dónde había venido el sustazo. Resultó que Jorge, se había quedado dormido sobre su mano y entonces, como estaba acalambrada, se empezó a mover involuntariamente; él pensó que algo se le estaba subiendo al pecho, o que era un fantasma o una posesión. Habrá que imaginarse a un cantante de ópera, con un vozarrón, gritando del susto en medio de la noche, y despertar por el grito. Jorge es barítono y tiene una de las voces más potentes que haya escuchado. Volteó a verme y yo estaba con cara de pasmo, con los ojos desorbitados:

—¡Ay, perdón!

Menso.

Por eso, cuando nos mudamos a Tacuba, cada quien tenía su cuarto. Una vez él salió y regresó casi luego, luego, muy pálido: lo habían asaltado. Se le acercó un chico con una navaja y le pidió todo lo que llevaba. Por suerte no pasó de ahí, porque el asaltante no fue agresivo. Sin embargo, el pobre Jorge estaba muy asustado y me dijo:

—Nos vamos de aquí.

Así que, de nuevo había que encontrar dónde vivir.

Cuando llegué a la ciudad tenía la paranoia de todo el mundo. Me habían hecho hincapié en que debía tener mucho cuidado. Pocos días antes de que nos mudáramos, salí del Metro y empezaron a seguirme. Me eché a correr. Fue afuera de la estación Tacuba, que alrededor siempre estaba llena de puestos. A unos metros de donde ya no había puestos ni nada, volteé, los vi y me di cuenta de que me seguían. Empecé a caminar rápido, pero cada vez que volteaba seguían detrás de mí, cada vez más cerca. De repente empecé a correr, vi que dieron la vuelta corriendo y, por suerte, llegué a mi casa antes de que me alcanzaran.

Finalmente nos mudamos a otro departamento cerca de ahí, sobre calzada Legaria, en la colonia Torre Blanca. Obviamente ninguno de los dos tenía dinero. Los dos somos de familias que han luchado toda la vida por sacar adelante a sus hijos, y estábamos conscientes de que nuestra carrera era muy larga y de que en algún momento nuestros papás nos dirían que ya no podían más. Así que tratábamos de buscar departamentos que estuvieran al alcance de nuestro presupuesto.

Baila conmigo

La noche en que conocí a David, Raciel y yo estábamos bailando en el Cabaretito. Era una de esas veces en que llegábamos al antro y nos quedábamos a bailar toda la noche, sin tomar nada, ni alcohol ni agua. De repente me fijé en alguien que me estaba viendo y nos empezamos a coquetear. Me gustó mucho su sonrisa. Además, bailaba superbién, desenvuelto y con ritmo, y eso no es tan fácil de ver, la verdad.

Hubo algo en sus ojos… supongo que el destino lo sabía. Si de un hombre me gustan su sonrisa y sus ojos, ya valí. Eso me pasó con David. Yo estaba bailando con Raciel y volteaba a ver a David. Él estaba bailando con otro chavo y lo dejó ir. De repente me di cuenta de que estaba frente a mí, dándole la espalda a Raciel. Pensé que era un atrevido y eso me gustó.

Raciel se le quedó mirando con cara de: "¿Y este chaparro qué?", porque Raciel mide 1.87. A David no le importó, se me acercó y me dijo al oído:

—¿Qué? ¿Tú no te cansas? ¿No te da sed o cómo? ¿Quieres agua o un jugo?

—No, gracias.

—¿Una cerveza?

—No, gracias. No tomo alcohol.

Nos pusimos a bailar y no nos soltamos el resto de la noche. Le presenté a Raciel. Esa vez, por ejemplo, fingí la voz, como lo hacía siempre que no quería que se sacaran de onda conmigo. No sé por qué hablé con voz más gruesa. Supongo que me dio miedo lo que fuera a pensar.

Raciel se fue a "comprar algo" para dejarnos solos. Desde el primer momento hicimos clic, intercambiamos teléfonos y David se fue con su amigo. La verdad, me enojé un poco por eso, pero me fui con Raciel. Recuerdo bien la fecha: era el 19 de abril de 2005.

Saliendo del antro me lo encontré otra vez. Ya estaba muy prendido y me dijo:

—Me voy contigo.

—No, yo me voy con mi amigo.

Entonces Daniel, su mejor amigo, me dijo:

—¡Ay, no seas payasa! Que se vaya contigo.

—No, no se va a ir conmigo. Nos acabamos de conocer.

Se empezaron a poner impertinentes y mejor me subí en un taxi con Raciel. Nos fuimos. Ese mismo día, o al día siguiente, me llamó para tener una cita. Yo volví a fingir la voz, hasta que nos encontramos en esa primera cita, a la que, por cierto, llegó con su amigo Daniel. ¿Quién lleva a un amigo a una cita? (En otra ocasión me tocó que un chico llevara a su hermana. ¡Qué suerte la mía!)

Total: David dice que su amigo sólo iba con nosotros de camino al antro; yo digo que ni siquiera fuimos al cine porque me enojé y sentí que estaba siendo muy desconsiderado con su cita —es decir, conmigo—, aunque puede ser que yo sea la que exagera. Entonces era muy enojón; claro, con tanta testosterona… Después descubrí que la testosterona era el origen de muchos de mis malos ratos, pero eso fue años después.

Nuestra segunda cita fue uno o dos días después, porque yo ofrecía un concierto en una iglesia que está en Gabriel Mancera y Obrero Mundial. Ahí nos encontramos. Yo iba con la orquesta de Jacob y en cierto momento tenía un solo. Cuando ya habíamos acabado, le pregunté a David si me había escuchado. Él respondió que sí, aunque años después me confesó que ni se enteró cuándo canté yo sola. Ahí fue cuando le dije que así era mi voz y su respuesta me gustó mucho:

—¿Qué importa? Tienes voz de niña, ¿cuál es el problema?

Para ese momento estaba claro que él no veía nada de particular en mi dualidad "voz de mujer en cuerpo de hombre" —no conocía mis otras dualidades—. Cuatro días después de habernos conocido, el 23 de abril, nos hicimos pareja. Me preguntó si quería ser su novio y le dije que sí.

Desde entonces íbamos a todos lados juntos. Me acompañaba al Conservatorio. Se lo presenté a todos mis amigos. Y entonces, de repente, salió un aspecto de mí totalmente desconocido: sobre todo una parte caprichosa. Con David me enojaba mucho, pero sin razón, por cualquier babosada. A cada rato terminábamos. Yo le decía:

—Ya no quiero andar contigo.

Lo terminaba porque no me llamaba, porque me llamaba mucho, porque salía mucho con Daniel y no conmigo. Por cualquier detallito lo mandaba a volar.

Después de todo era mi primera relación ya en serio. M y JL habían sido el equivalente de la adolescencia, pero en esta ocasión era un novio más real, y yo no sabía nada de relaciones —creo que, hasta la fecha, más de diez años después, sigo sin saber nada—. David también se portaba conmigo de modo muy distinto a mis dos primeros intentos de noviazgo; era más seguro, más adulto y me transmitía más estabilidad. Como yo iba y venía en mis cambios de humor y mis devaneos, tuvimos varios malos ratos. Por ejemplo, una noche yo estaba muy tranquilo en mi casita, hablamos por teléfono y se despidió de mí como si nada:

—Ya me voy a dormir, gracias por hablarme.

Yo también estaba por acostarme cuando de repente me llegó un mensaje que decía: "Hola, Vicky. Por favor, si te habla Saúl, dile que estoy en mi casa, porque voy a salir con Daniel". Me puse verde del coraje. David se dio cuenta de inmediato de lo que había hecho y me marcó. Por supuesto, lo único que yo quería en ese momento era terminar con él:

—No quiero volver a saber nada de ti.

—¡Perdóname, perdóname! Es que ya sé que te enojas si salgo con Daniel.

—¡Ah!, entonces yo tengo la culpa de que me mientas.

Estaba muy enojado, colgué y me salí —según yo a correr—, pero en realidad quería ver si me encontraba a alguien para ligar —¡cuánto drama!—. Claro, no encontré a nadie, así que tuve que regresar a mi casa y rumiar mi coraje. David me estuvo llamando durante varios días, hasta que regresé con él. Después de ese episodio las cosas se estabilizaron y fueron mejorando. De otro modo no habríamos durado todos los años que duramos.

Por supuesto, con David rompí mis votos de castidad. Se puede decir que, tal cual, perdí mi virginidad a los veinticinco años. Llevábamos como seis meses de andar juntos y yo aún vivía con Raciel y Jorge. Fue un día que estábamos en el depa, besándonos, cuando las cosas se pusieron más intensas y acabamos haciendo el amor. Ni siquiera fue que él me tuviera que convencer o me hubiera insistido, porque siempre fue muy respetuoso. Más bien se dio de manera espontánea y natural. Fue una experiencia que siempre atesoraré. Fue muy bonito, y la mejor forma en que pude haberla vivido. Claro que las primeras veces me dolía hasta el alma, y no por haber faltado a mi religión, sino porque físicamente había placer, aunque también dolor. De hecho, en ese momento ni pensé en mis votos, pero estuvo muy bien. Fue un acto de amor. Al fin me sentía con la libertad de explorar mi sexualidad en compañía, de compartir mi cuerpo con alguien más. Antes de nuestro primer encuentro totalmente sexual habíamos tenido todo tipo de juegos y de fajes muy intensos, pero no habíamos llegado al sexo. Me queda claro que lo hice porque estábamos muy enamorados. El único problema es que, hasta la fecha, busco enamorarme antes de tener sexo. No digo que no ejerza el deseo sin amor, sino que lo busco y lo prefiero, y en parte se debe a que la primera vez que tuve sexo fue el resultado del amor con David y por él. Suena cursi —ni modo—, pero ésa fue mi experiencia.

Antes de romper los votos de castidad, cuando todavía me iba a confesar, le decía al sacerdote:

—Padre, tuve tactos impuros con un hombre.

"Tactos impuros": ¡qué risa! El caso es que después de tener mucho más que tactos, caí en la cuenta de que tenía que quitarme el anillo. Ahora ni siquiera sé dónde quedó; a lo mejor lo perdí.

También me dieron muchas ganas de irme a vivir solo, porque quería mi espacio, pero también por otra razón que en ese momento no podía confesar abiertamente —como que volvía a abrirse una dualidad—: se me había metido en la cabeza que, al vivir solo, podría experimentar y ponerme ropa de mujer. Esto coincidió con que, por esa época, las cosas empezaron a cambiar en el depa. Jorge se volvió muy mandón. Raciel y yo no estábamos acostumbrados a que nos organizara la vida doméstica y de pronto cambió su actitud; se convirtió en el más responsable de los tres y, cuando podía, nos asignaba tareas domésticas:

—Ahora te toca podar el pasto. No has lavado los trastes. No has hecho la limpieza.

Raciel no aguantó la nueva faceta de Jorge, se salió pronto de la casa y se fue a vivir muy cerca de su novio, por el Acueducto de Guadalupe, en el norte de la ciudad. Yo me quedé con Jorge un tiempo más y luego me fui a vivir cerca de Constituyentes, a un departamento horrible que, además de feo, tenía muy mala vibra. De repente aparecían animales muertos afuera de la casa del vecino. Parecían cosas de brujería. Había energías raras en ese lugar. Una vez se me apareció algo, no sé qué. Yo estaba en la cama, a punto de dormir. Sentí a alguien junto a mí y, cuando volteé, había una cara con unos ojos muy grandes que abrió la boca. Fue muy vívido. Me espanté muchísimo, me quedé petrificada y lo único que pude hacer fue taparme con las cobijas. Después de un rato me quedé dormida. Nunca se me olvidó. Hasta la fecha recuerdo esos ojos y me da pavor. Ahí vivía cuando tuve un intento de suicidio.

Una noche en que David y yo habíamos ido al Cabaretito, nos paramos a la pista a bailar, como siempre, y creo que me echaron algo en la bebida. ¡Tenía razón cuando iba y no quería tomar nada! Recuerdo que tenía mi jugo en la barra y, después de bailar un poco, me lo tomé. Casi de inmediato perdí el conocimiento. Después todo fue muy confuso. Sólo sé lo que me contaron David y sus amigos. De lo que sí me acuerdo es que recuperé el conocimiento, pero no el movimiento de mi cuerpo, y que David me sacó casi a rastras. El gerente estaba preocupado y le preguntó qué me había metido. David le contestó:

—Nada. No se droga. Bueno, ni siquiera toma.

Llegamos a la calle, me subió a un taxi y, ya arriba, me puse a gritarle:

—¡Tú fuiste, tú fuiste!

Me puse superloco. No me acuerdo, pero David dice que le pegaba. Ya cerca de mi depa, que estaba en Constituyentes y Periférico, me salí corriendo del taxi, subí las escaleras del puente del Periférico y me subí a la barda para aventarme. David me gritó y subió corriendo. Como pudo me tacleó y los dos nos caímos al piso, en pleno puente.

Yo estaba como poseído y David se asustó mucho. En ese entonces yo estaba correoso. Me gustaba hacer ejercicio y tenía mucha fuerza. Nos pudo haber pasado algo peor, porque yo, en mi locura, pude causar un accidente que nos afectara a los dos.

No sé si fue un intento de suicidio porque algo en mi inconsciente estaba a punto de explotar o si me echaron algo en la bebida y eso provocó que se me zafaran los sentimientos que tenía encapsulados. No sé si fue un brote de locura momentánea o la conjunción de varias cosas. Mi única conclusión lógica es que sí me intoxiqué y que incluso pudo ser un accidente —por ejemplo, tal vez querían drogar a alguien más y me tocó a mí—. El caso es que, como pudo, David me metió en el departamento. Yo aventaba lo que me salía al paso, le pegaba y le gritaba cosas horribles. Le habló a Wendy, una amiga psicóloga, quien le dijo que me diera leche. Poco después empecé a calmarme y me quedé dormido. Fue una experiencia muy desagradable y una de las cosas extrañas que pasaron en ese departamento. David dice que a lo mejor, si realmente me hubiera querido matar, me habría aventado del puente. No sé si lo que me salvó fue el instinto de supervivencia o sencillamente es cierto que no quería morirme, sino que estaba fuera de mí.

Después de mudarme a Constituyentes, David me iba a visitar muy seguido. Un día le dije que quería vestirme de mujer y que saliéramos. Él lo interpretó como un experimento sin consecuencias —¡qué iba a saber!—. Fuimos al Hysteria, un lugar donde se estila travestirse. Por primera vez me puse ropa de mujer: peluca y zapatillas para ir de antro. Cuando regresamos, los pies me dolían horriblemente; casi me sangraban, porque nunca antes había usado tacones. Llegué con la peluca de lado, cansada, adolorida. Todo mal. Sin embargo, la experiencia me gustó. Eran atisbos mínimos de lo que vendría después y que se fue desarrollando poco a poco en mi interior.

Yo seguía yendo a San Miguel a ver a mi familia. Una de esas veces le dejé mis llaves a David y, cuando regresé al depa, vi que la cama estaba cubierta de pétalos de rosa en forma de un corazón. En medio del corazón había una rosa; la tomé y vi que adentro tenía un anillo de compromiso. David me preguntó:

—¿Te quieres casar conmigo?

Casi me muero de la emoción. Por supuesto que le dije que sí. No nos casamos por las leyes —ni se podía entonces—, pero fuimos a la iglesia de Polanco, donde yo trabajaba. Nos arrodillamos, dimos gracias a Dios por habernos conocido, porque ya íbamos a vivir juntos, y le dijimos al Señor que estábamos en sus manos. Nos acompañaron Daniel —su mejor amigo— y su novio, y luego hicimos una fiesta para celebrar con todos nuestros amigos.

Cuando nos fuimos a vivir juntos, encontramos un departamento precioso en la colonia Álamos, en la calle de Andalucía. Tenía sala, dos recámaras y una terraza. Ahora la dueña de ese departamento, la señora Paty, es una de mis grandes amigas. Nos rentó el espacio con todas las facilidades; nos dijo que nos daba chance y que nos esperaba si le llevábamos los papeles.

Ahí empezó una de las épocas más bonitas de mi vida. Seguía habiendo dos personas en mí, pero fue la etapa en que traté con más ganas y con más amor de que ambas fueran una sola. Para entonces tenía muy asumida la consigna de que sí era gay —o eso me decía— y de que David era el amor de mi vida. En ese sentido, él siempre será el amor verdadero de Saúl. Lo que vino después ya pertenece a la nueva yo, aquella que liberó a su verdadero ser. Es algo triste y feliz al mismo tiempo.

En cuanto nos fuimos a vivir a la Álamos, una amiga mía, Marisela, sabía que nos encantaban los animales y nos dijo:

—Ya les tengo a sus dos hijos para que esté la familia completa.

Nos llevó a Balaika y a Merlín, una gata y un perro, respectivamente, que eran animales rescatados. A la gata la habían recogido de la calle y al perro lo sacaron de un lugar donde lo golpeaban. Fuimos primero a casa de Marisela para conocerlos y, en cuanto llegamos, Balaika se subió en mis piernas y no se bajó en todo el rato que estuvimos allí, mientras que Merlín se fue con David. Dicen que los animales escogen a sus dueños. Nos los llevamos con nosotros y los cuatro vivimos en ese departamento. Nos queríamos mucho.

Fue una gran época de mi vida. En Navidad poníamos el árbol y el nacimiento. La familia de David iba de visita. Las cosas con ellos siempre fueron muy abiertas y muy naturales; no tienen ningún prejuicio de nada. Es una familia sumamente amorosa. Siempre se apoyan, todos tratan con respeto a la gente y se respetan entre ellos mismos. Son gente muy valiosa, y tengo el orgullo de llamarlos parte de mi familia.

Cuando David me los presentó, yo era Saúl. Fueron amables conmigo. Sus hermanos, muy formales. Su hermana le dijo:

—Qué guapo está.

Todos me trataron muy bien desde el primer instante. Creo que la situación se complicó en el momento de mi transición, igual que con todo el mundo. Ellos, por ejemplo, estaban acostumbrados a decirme Saúl, y después de que tomé la decisión de ser yo, me tenían que preguntar de nuevo quién era o cuál era mi nombre, porque fui Samantha, Syrena, María... Al final el que más usaron fue Sam.

Es verdad que siempre me siguieron respetando. David habló con sus papás y ellos respondieron como siempre:

—Nosotros no tenemos ningún problema. Tú sabes que nos gusta respetar a la gente y él o ella es bienvenida aquí así como es.

De hecho, su mamá, la señora Sofía, habló conmigo:

—Mira, eres bienvenida aquí. Quiero que seamos amigas. No pasa nada. Aquí te vamos a respetar. Siéntete acogida por todos nosotros y, si alguien te hace una mala cara, tú dime.

Maravillosa, la señora. Me enamoré de la familia de David. Era como la familia que yo había perdido cuando anuncié mi cambio y que no estuvo conmigo durante la transición.

Pasaba mi tiempo con David y convivíamos mucho con su familia. Fuimos en varias Navidades y Años Nuevos. En las fiestas familiares siempre íbamos con ellos. Las cosas con David estuvieron muy bien durante un tiempo. A veces me enojaba mucho con él, aunque no tanto como al inicio. Yo digo que mi mal carácter era producto de mi inmadurez, combinada con mi propia incomodidad personal, que surgió con la depresión. Cuando empecé la hormonización, se vino una etapa difícil, pero ésa es otra historia.

Mis papás iban a visitarnos y era diferente. Yo les inventaba que David era mi *roommate*. Para que no se extrañaran de que dormíamos juntos, les decía que ellos se quedaran en la recámara y que yo me quedaría con David, como si fuera una situación fuera de lo ordinario, cuando en realidad me estaba quedando en mi recámara, con mi pareja.

Cuando mi hermano mayor vino a quedarse al DF conmigo, él se quedaba en un cuarto y nosotros, en el nuestro. Yo asumía que no les iba a decir nada que no supieran, pero no lo expresaba en voz alta. Pensaba que lo suponían, pero no. Mucho tiempo después, mi mamá me dijo:

—No, ni nos pasaba por la mente.

La doble vida no se había evaporado del todo. Desde que vivía en Azcapotzalco con Raciel y con Jorge, sentía inquietud por ser mujer, y de repente esa inquietud se manifestaba. Todo ocurrió poco a poco. Hasta antes de la depresión siempre tuve en la mente que era mujer, y de repente intenté con todas mis fuerzas ser un hombre. Incluso creo que encontrar el amor me dio la fortaleza para seguir en mi empeño de aceptarme como varón. Pero no me sentía plena, y tampoco pleno. Es decir, como ser humano me seguía faltando algo, aunque no sabía qué era. Me sobraba el miembro. Me faltaba asumir mi verdadero yo. Era complicado. Al principio no mucho. Además, llevaba una vida estable con David y el canto seguía siendo mi meta principal. Eso ayudó a mantenerme a flote por un tiempo. Pero tenía curiosidad.

Un día, cuando seguía en Azcapotzalco, me pinté los ojos con puntillas de colores, de esos lápices que usan los niños en la primaria para colorear, y mi propia reacción fue despintarme de inmediato y convencerme de que había sido un juego. Era un experimento que debía haber vivido a los seis o siete años, pero lo estaba viviendo en ese momento. Claro, como mi mamá me había dicho que estaba mal, lo reprimí durante años, hasta cuando ya me sentía un poco más libre, independiente y fuerte para hacer lo que quisiera con mi vida.

Ése fue un hecho aislado. Lo hice una vez y me dije:

—Basta, estás loco.

Después, cuando vivía solo, lo empecé a hacer más seguido y me gustaba lo que veía. Me empecé a sentir más identificado con lo que miraba en el espejo cuando me pintaba. Pensaba: "¿Seré capaz de salir así a Constituyentes? Sí, sí, quisiera hacerlo". Tenía un deseo muy fuerte de vestirme como mujer, muchas ganas de experimentarlo. Seguía siendo un secreto, pero me atraía mucho, aunque no estaba del todo convencida de que ésa fuera a convertirse en mi manera de estar en el mundo en forma permanente. En esa época tenía mucha confusión.

Trataba de ser un hombre gay. En mi mundo de fantasía, me decía: "Bueno, me voy a ver como mujer y a ver qué tal". Me compré una peluca y me tomaba fotos, yo sola, en mi cuarto. Todavía no le decía a nadie lo que me pasaba, pero me observaba en el espejo y pensaba: "¡Guau, qué bonita!". Me compré una blusita amarilla, me maquillaba más y me ponía la peluca. Lo hacía en las noches. Aunque no hubiera nadie conmigo, sentía que debía mantenerlo muy en secreto. Así pasó un tiempo, hasta aquella vez en que el sentimiento fue tan fuerte que le dije a David:

—Quiero vestirme de mujer.

—Ándale, pues. Estás bien loco, pero ándale.

Él no imaginó hasta dónde llegaría todo eso. En realidad yo tampoco lo tenía claro. Pero estaba conmigo y fuimos al antro. No era su estilo favorito para ir de reven, sobre todo porque sentía que la gente se le quedaba viendo en el Metro y en la calle. Él pensaba que los demás lo juzgaban por ir con una vestida —el prejuicio por delante—, pero con todo y eso fue conmigo, porque yo quería vivir la experiencia.

Cuando regresamos y yo tenía los pies destrozados por los zapatos altos, me los puse en agua caliente y me dio un masaje para que se me quitara el dolor. Me vestí de mujer esa vez del antro y en otra ocasión, en mi cumpleaños. Invité a mis amigos y fuimos a un karaoke. Supe que la gente decía:

—¡Guau, qué bonito canta esa chava! —porque algunos se dieron cuenta de que era hombre y otros no.

Después dejé de hacerlo durante un tiempo.

La noche de mi cumpleaños, mi atuendo fue algo llamativo y novedoso para mis amigos. Estaban todos ahí: Raciel, Christopher, Sara, Jorge, David. Para mí ese momento fue una revelación: "Así quiero subirme a cantar siempre al escenario. Así quiero andar todos los días. ¿Ahora cómo lo digo? Mejor no lo digo. Mejor no lo hago y ya veremos si puedo seguir mi vida así, esforzándome por ser un hombre".

Y no pude.

De espíritus y espirituales

El Laboratorio de Investigaciones Escénico Musicales (LIEM) nació gracias a Eduardo García Barrios, quien lo fundó en 2006 después del plantón de Andrés Manuel López Obrador. La lucha de Eduardo se ha inclinado por las causas sociales, por la educación de la gente y la libertad. Y siempre ha estado a favor de educar a través del arte. Es un fabuloso director de orquesta, con una larga trayectoria musical. Lo apodan el Ganso porque mide como dos metros, es muy flaco y, cuando dirige, parece un ganso. Él y yo nos queremos mucho y siempre me ha apoyado en todo.

Cuando se hallaba en el plantón, vagando por ahí, decidió organizar un coro. Repartió volantes para invitar a la gente a cantar en lugar de que estuviera sin hacer nada. Creó así el Coro Comunitario de la Ciudad de México, con integrantes que no tenían la menor idea de lo que era cantar. Para inscribirse, el único requisito era ser aficionado al canto. Con la convocatoria reunió a unas cien personas y por medio del Conaculta, a través del Fonca, inició el proyecto de una compañía de ópera con cantantes escogidos de todas las escuelas de música, entre las que él consideraba las mejores de la ciudad. Los alumnos recibimos una beca para montar óperas y presentarlas en las colonias del Distrito Federal; no en Bellas Artes ni en los teatros, sino en las casas de cultura de la ciudad. También impartimos clases de canto a las personas del sector comunitario. Era una iniciativa maravillosa. Ojalá alguien lo retomara.

Cuando el proyecto se aprobó, la gente estaba feliz porque tendría maestros de canto. La sede inicial fue el teatro Sergio Magaña; hace más de diez años de eso. Empezamos a estudiar diferentes óperas, pero a Eduardo no le encantaba la pose clásica del género operístico; él quería que fuéramos actores e hiciéramos cabaret. Así que empezamos a hacer ópera-cabaret —me pregunto si desde entonces Saúl estaba destinado a terminar como cabaretera—. Iniciamos con un montaje que se llamó *Eros-Tánatos*, donde todas las piezas eran de muerte o de amor. Había muchas arias de diferentes óperas, como *Così fan tutte*, de Mozart, o material del compositor ruso Rimski-Kórsakov, y varias más. En esa obra yo era el arlequín y mi personaje funcionaba como el hilo conductor de la puesta en escena. Mis compañeros hacían las escenas de ópera y yo era una cosa aparte, rara. Era un chavito flaco de cuarenta y ocho kilos, pelo corto y con voz de contratenor. El uniforme era una playera blanca pegadita, jeans, tenis, muñequeras blancas y antifaz blanco. Cantaba para anunciar la escena que venía a continuación y la gente adoró al personaje. Creo que era al que más le aplaudían en la función.

Éramos dieciséis, cuatro por cuerda: cuatro sopranos, cuatro barítonos, cuatro bajos y cuatro mezzosopranos. Yo encajaba ahí, con las mezzos. Éramos dos hombres y dos mujeres. Y una de las mejores cosas fue que ahí estaban mis mejores amigos, Jorge y Sara, porque toda la vida hemos hecho cosas juntos.

En esa época trabajábamos mucho, con ensayos diarios. La esposa de Eduardo es maestra de danza contemporánea y ésa era una de las clases que tomábamos. Amé esas clases. Resultaba muy liberador tirarme en el piso y bailar. Tenía que estar en contacto con mi cuerpo para expresar una emoción o ejecutar una historia. Así fue como empezó a evolucionar el proyecto y a la gente le encantaba lo que hacíamos. Llevábamos las obras a diferentes puntos de la Ciudad de México. Había mucha riqueza en el grupo, y la dinámica colectiva fluía a la perfección. A veces salíamos después de las óperas. No nos cansábamos de estar juntos. Un ambiente muy bonito, porque nadie tenía la actitud "diva" tan común en los cantantes de ópera. Estaba enamorada de eso y en ese momento era la vida que quería.

Mientras trabajaba en el LIEM me di cuenta de que no ambicionaba ser cantante de ópera de bellas artes y de academia. No estaba a gusto con las cosas comunes que hacen los cantantes de ópera. Siempre quise hacer cosas que la gente no estuviera acostumbrada a ver y que la sorprendieran. Tampoco me interesa que sólo se apantallen porque alguien tiene una voz hermosa, aunque esté educada tras diez años de clases de canto y vocalización, ni que se sorprendan porque la solista se pone un vestido de gala que le costó miles de pesos. Desde entonces quería hacer sentir algo más al público: que llorara, que riera, que estuviera en éxtasis, al igual que con la ópera tradicional, pero también quería encontrar otros mecanismos para que la gente se sintiera viva y quisiera más y más del arte, de la vida.

Por eso, cuando Eduardo y Leszek Zawadka —quien se convirtió en otra de mis columnas artísticas, interpretativas y personales— anunciaron que, además del LIEM, necesitaban un grupo de cinco solistas para que hicieran unas piruetas e incursionaran en otro tipo de música, además de la ópera, dije:

—¡Yo quiero participar! ¿Qué hay que hacer?

El grupo se llamaría El Cofre. Se hicieron las audiciones y me quedé. Todos los seleccionados estábamos sorprendidos y muy emocionados de que nos eligieran. Éramos Norma; Fernando, el otro contratenor; yo, que hacía soprano; Enrique, el tenor, y un barítono que en ese entonces era César. También estaba Carlos Rangel, un guitarrista muy joven y talentoso. Seis integrantes en total. Cuando entré en El Cofre hubo aún más trabajo para mí y todos los solistas. Para ese momento la compañía de ópera sólo presentaba funciones en los teatros grandes. De hecho estuvimos en el Teatro de la Ciudad. Un día en que cantábamos ahí una ópera titulada *Mozart y Salieri* —teníamos unas capas enormes; un vestuario muy minimalista, pero espectacular—, justo cuando interpretábamos la parte del réquiem *Dies irae* —lo más fuerte de la obra—, empezó a temblar. Toda la gente se salió. Mis papás habían venido de Guanajuato a la función. Ahí ya estaba en la transición, pero no les había dicho. También fue la familia de David. Mozart escribió ese réquiem por encargo de un hombre de negro que lo fue a visitar, se lo pagó y nunca volvió. Cuenta la leyenda que Mozart sabía que estaba escribiendo el réquiem para su propia muerte. Conocer esa historia y haber estado ahí me impresionó mucho.

La verdad, hicimos un trabajo majestuoso. No lo puedo describir de otra manera. Muchos especialistas lo escucharon y su veredicto fue inmejorable. Decían que llegaríamos a la cima del mundo con ese grupo. No llegamos, pero al menos hicimos un disco que a la gente le gustó mucho. Luego el proyecto se acabó.

Grabamos el disco porque había una beca del Fonca y era uno de los puntos a cumplir. Se tituló *De espíritus y espirituales*. Era una compilación: había piezas de una obra que se llama *Cantos a santa Eulalia*, de música virreinal mexicana, preciosa. También había música barroca francesa y música contemporánea, compuesta por Diana Circe, una chica muy talentosa que ahora vive en el extranjero y escribe piezas llenas de virtuosismo. Fue de lo más complicado que cantamos y le dimos un toque bastante interesante.

Como el proyecto era del gobierno, se tardaban muchísimo en pagarnos la beca. En la compañía del LIEM nos daban seis mil pesos, y cuando entramos a El Cofre ya eran nueve mil. Estaba bastante bien por tres horas diarias. Hubo ocasiones en que no nos pagaron durante tres meses, y cuando nos dieron los veintisiete mil ya los debíamos completos y hasta más. Estaba difícil vivir sólo de la beca y nos empezamos a cansar de esa situación.

Finalmente, Eduardo dijo:

—Yo tampoco puedo estar exigiéndole mucho a los chicos, exigiéndoles que no hagan nada fuera del proyecto. Ellos ya están buscando otras cosas que hacer. Esto no va a funcionar. Y muchas gracias.

Así terminó el proyecto. Se supone que, si uno tiene una beca del Fonca, está prohibido trabajar y recibir dinero aparte, porque esos recursos son del Estado y las becas tendrían que servir para que los artistas afiancen su oficio.

Nosotros también estábamos muy cansados de trabajar en la incertidumbre y decidimos que no seguiríamos con El Cofre. Justo cuando el proyecto estaba por terminar, hablé con ellos y les dije que ya no me dedicaría en exclusiva a la ópera de manera profesional, sino que también cantaría pop y buscaría otras maneras de hacer música:

—Voy a cambiar de género. Es un muy buen tiempo para hacerlo. No sé cómo lo voy a hacer. No tengo trabajo ni dinero. David me está manteniendo prácticamente a marchas forzadas.

Qué curioso: anuncié que cambiaría de género musical, pero también estaba cambiando de género y de identidad. Me hallaba en plena transición.

La única vez que había intentado incursionar en el pop fue en 2006, durante las audiciones para *Latin American Idol*. Llegué muy arregladito, con una camisa *slim fit* blanca con rayas negras y el pelo muy relamido, bien galán. Pasé todos los filtros. Cuando llegué con los jueces y canté —era una canción de Mónica Naranjo, con agudos muy altos—, se rieron de mí, en mi cara, no porque lo hiciera mal, sino porque se preguntaban qué era eso, cómo cantaba así, tan agudo, si además era hombre. Ignoro si no sabían qué es un contratenor. Quiero pensar que fue parte del montaje, que debían mostrarse crueles, burlarse y humillar a la gente. Total, no pasé. En parte creo que en ese momento no estaba listo, porque mi incomodidad era mucha y seguía con una imagen insegura.

Todo eso desapareció "casualmente" cuando me operé.

Fuera máscaras

Mi época más tumultuosa fue la transición, que duró cuatro años, aunque a veces parece que en esa etapa se hubieran concentrado muchos años de aprendizaje. Durante ese tiempo aprendí de sopetón lo que se aprende en la adolescencia y en la primera juventud; también entendí y resolví incógnitas de mi infancia. Crecí, cambié y, por supuesto, hice lo más importante: llegué a mi forma natural, a mi cuerpo completo.

El hecho de haber salido al mundo un par de veces con aspecto de mujer e identificarme del todo con el género que en realidad tenía me produjo una sensación desconocida hasta entonces. Fue una libertad nueva, muy emocionante e impactante para mí, aunque no dije nada en ese momento. Creo que por eso después caí en la depresión, porque intenté reprimir la fuerza que me llamaba desde mi verdadero ser. Y esta vez ya no era como en la secundaria, en la que el origen de mi tristeza residía en el trato de los demás. Ya no era como en Guanajuato, que me había decepcionado porque debía asumir un rol que no me atraía, si bien la vida era soportable. Ahora era algo muy profundo, una fractura en lo más interno. Luego descubrí que, por mucho que me hubiera marchitado por unos años, no había sentido un verdadero extrañamiento de mí cuando trataba de ser hombre y no estaba del todo conforme; sin embargo, haber experimentado la realización de aquel deseo y tener que reprimirlo después me hizo caer hasta el fondo.

David y yo llevábamos un tiempo viviendo juntos y las cosas en general iban bien en mi vida. De hecho, hubo dos etapas en que me sentí muy bien: una, cuando estudiaba muchísimo y empecé a ganar todos los concursos de canto del Conservatorio. Dos años gané el primer lugar. Además, estaba dedicado por completo al estudio y al canto. Incluso cuando aún no terminaba la carrera empecé a involucrarme en proyectos de ópera y de canto que me permitían ganar dinero y pagar la renta. La segunda etapa no está muy separada en el tiempo. Fue la de la vida en pareja con David, que no abarca toda la relación porque tuvimos altibajos importantes. La verdadera ruptura fue en realidad un proceso muy largo, pero hubo una temporada en que nuestra convivencia era muy de pareja, muy tranquila. De mi vida anterior ésa fue una de las épocas más felices.

Mi dedicación completa al canto me servía para liberar presión, porque de todos modos seguía existiendo un anhelo y yo mantenía ciertas inseguridades. Por ejemplo, mi papá me había ayudado con el enganche para un cochecito. Eso me evitaba convivir con la gente en el transporte y en lugares públicos, no porque buscara aislarme, sino porque mi voz me seguía ocasionando muchos conflictos. Así, justo cuando parecía haber un equilibrio en mi entorno, algo en mí empezó a inquietarse cada vez más. Años atrás me escuchaban hablar y se extrañaban de que fuera un hombre con voz de mujer; en cambio ahora, como me escuchaban y asumían que era mujer, se sacaban de onda cuando advertían que era hombre.

Desde antes de sentir unas ganas tremendas de ponerme ropa de mujer ya me depilaba las cejas, me dejaba crecer el pelo cada vez más, usaba ropa muy ajustada, aunque fuera de hombre, y tenía muchas características más femeninas que masculinas —aunque seguía entrando en la categoría de jotis—. Tal vez no llamaba tanto la atención porque hay muchos chicos gays con características muy de chica y no es nada fuera de lo común.

Sin proponérmelo de manera clara, yo adoptaba un aspecto cada vez más andrógino, que era como volver a pasar por una bronca de identidad. No era identidad, claro; simplemente había un desequilibrio entre mi aspecto externo y mi verdadero ser interior. Lo que pasa es que no lo había ubicado. Llevaba casi diez años resignado a ser un hombre gay, pero los veía y muchas veces sentía que no formaba parte del conjunto; los veía y tenía la certeza de que no era como ellos. No me gustaban las mismas cosas ni me identificaba con su forma de ser y de estar en el mundo. Yo no tenía un verdadero lugar en el mundo, porque incluso con una pareja a la que amaba y que me amaba en reciprocidad, dedicándome a cantar, que era lo mejor que podía hacer para vivir y teniendo una vida armónica, había dentro de mí una inquietud muy grande.

Estaba entrando en un desconcierto absoluto porque sentía que cada vez cumplía menos bien con mi rol autoimpuesto, pero tampoco encontraba ninguna otra opción. Si no era gay —en el fondo lo sabía y me quemaba saberlo— y tampoco era un hombre buga —eso siempre estuvo más que claro—, entonces ¿qué era? ¿Quién era?

En mi interior empezó a formarse un vacío muy grande, aunque por fuera seguía poniendo buena cara. Empezaba a abrirse más la división entre mi situación emocional y mental, y la vida cotidiana.

De hecho, le había tenido que contar a mi mamá. Y digo que "había tenido" porque tampoco estaba a gusto con que todo fuera pecado y secreto y miedo. Desde mucho antes de empezar la transición, un día me vio en la lela; eso me pasaba mucho cuando iba en la secundaria y, como ya referí, en casa no les contaba de todo el abuso ni el acoso. Igual que en esas ocasiones, esta vez me preguntó:

—¿Qué tanto piensas? ¿Qué te pasa que te quedas así?

Sentí el impulso de revelarle lo que me sucedía, aunque fuera en parte. Creo que me había quedado pensando porque se hablaba de alguien en San Miguel que "había resultado" homosexual. Entonces le pregunté si se acordaba de él. Se me quedó mirando y dijo:

—¿Eso te está pasando a ti? —y le dije que sí.

Para ella ése era el peor pecado imaginable, pero le pedí que no se preocupara por mí, que tenía votos de castidad. Parece increíble, pero se tranquilizó, porque al menos existía la oportunidad de que su precioso hijo no se quemara en el infierno por sodomía. Nos pusimos a llorar. Después de esa plática no volvimos a hablar del tema… hasta el día en que todo reventó.

Desde antes de la transición, sin razón aparente, empecé a sentir incomodidad y tristeza. No tenía ganas de hacer nada. A veces no me levantaba para ir al trabajo. No comía. De repente no me interesaba nada de la vida. Eso duró más o menos un año. No era muy notorio, porque David y yo teníamos espacios diferentes. Aunque vivíamos juntos, yo usaba mucho el cuarto violeta —de las dos recámaras, compartíamos la color azul y la violeta era de las visitas—, al grado que a veces allí me la pasaba, dormía allí y me encerraba. Que cada uno tuviera su espacio era bueno para ambos, entre otras cosas porque nos permitía respirar.

De pronto, la depresión se agudizó. Tenía una sensación de vacío, de dolor, como si no encontrara razones para hacer algo con mi vida ni para realizar las mínimas actividades. No me importaba si comía o no, si tenía dinero o no. Tampoco me quedaba clara la razón de mi depresión. No es que pensara: "Estoy deprimida por mi cuerpo". Nada. Sencillamente la vida había perdido su brillo para mí. Y aunque carecía de certezas, algo en mi interior tenía como una pista. Por eso creo que mi depresión empezó a manifestarse desde que me empecé a vestir de mujer.

Después de salir aquella primera vez con David al Hysteria, me di cuenta de que no me veía como mujer. No importaba